Martin Orack

Vertauschte Rollen

Band 5 der Reihe

„Neiiiin nicht zu Mama"

Herstellung und Verlag:
BoD – Books on Demand, Norderstedt
ISBN 9783732256495

Martin Orack

Vertauschte Rollen

Band 5 der Reihe

„Neiiiin nicht zu Mama"

Inhalt

Vorwort

Ich erzähle Ihnen eine fast normale Familiengeschichte, die Geschichte einer Trennung.

Ich erzähle Ihnen die Geschichte einer scheinbar typischen Mutter, eines scheinbar typischen Vaters und Sie werden sich vielleicht fragen, was daran erzählenswert ist.

Aber wenn Sie dann an die Stellen gelangen, wo das Verhalten der Behörden, Ämter und des Familiengerichts beschrieben werden, dann werden auch Sie sich ungläubig fragen, wie das sein kann.

Es widerspricht jeder Erfahrung und allen Vorurteilen., aber lesen Sie trotzdem oder erst recht weiter, es wird immer unglaublicher.

Trotzdem handelt es sich um eine wahre Geschichte. Was diese Geschichte so unglaublich macht, warum sie wie eine Fiktion wirkt, das werde ich am Schluss aufklären. Dann werden Sie sicher den Kopf schütteln und mit mir übereinstimmen, dass das eigentlich nicht wahr sein kann und darf, egal wie die Rollen verteilt sind.

Familiengründung

Kindsvater und Kindsmutter leben seit einem knappen Jahr zusammen in der Wohnung der Kindsmutter in B. als sie
heiraten. Die Eltern und die Schwester des Vaters reisen dazu aus Tschechien an. Die Mutter des Vaters ist Deutsche, beide Eltern haben einen deutschen und einen tschechischen Pass. Auch der Kindsvater hat beide Pässe.
Die Kindsmutter ist zu dem Zeitpunkt bereits schwanger, sie freut sich riesig auf das Kind, der Kindsvater will es jetzt noch nicht.
Beide haben allerdings vorher gegenüber ihren Eltern mehrfach geäußert, dass sie es darauf ankommen lassen, ob sie Nachwuchs zeugen oder nicht.

Sechs Monate nach der Hochzeit wird dann die Tochter Mia geboren. Es kommt zu Komplikationen, Mia wird in ein anderes Krankenhaus auf die Frühchenstation verbracht. Nach zwei Wochen darf sie heim. In diesen zwei Wochen hat sich keine besondere Beziehung zum Kind aufgebaut, beide Elternteile sind auf Besuche am Glaskasten beschränkt.

Die Mutter nimmt ein Jahr Elternzeit, der Vater zwei Monate. Sie teilen sich die selbstständige Erwerbsarbeit in ihrer gemeinsamen eigenen Firma und die Betreuung von Mia. Die Mutter arbeitet während des einen Jahrs Elternzeit nur entsprechend dem zulässigen Hinzuverdienst, übernimmt also überwiegend die Betreuung von Mia.

Wenn beide Elternteile arbeiten oder etwas vorhaben, dann übernehmen die Großeltern mütterlicherseits die Betreuung von Mia. Manchmal erfolgt dies stundenweise in der Wohnung der Familie, überwiegend aber im Haus der Großeltern. Es handelt sich dann meistens um Tage weisen Aufenthalt mit Übernachtung.

So hält sich Mia ab Geburt bis zur Trennung der Eltern ein Drittel ihrer Zeit bei den Großeltern mütterlicherseits auf, die Großmutter wird für sie dabei zu einer besonders wichtigen Bezugsperson. Sie übernimmt dann jeweils überwiegend die Betreuung der Enkelin wie Wickeln, Füttern und Spielen.

Die Großeltern väterlicherseits leben in Tschechien. Diese Großeltern kommen alle drei Monate für fünf Tage zur medizinischen Versorgung und zum Besuch von Verwandten nach Deutschland.

Zwei Drittel ihrer Zeit ist Mia also bei den Eltern, wird dabei überwiegend von der Mutter versorgt. Der Aufenthaltswechsel erfolgt jeweils nach einem bis wenigen Tagen für einen bis wenige Tage.

Das kann etwa wie folgt im zeitlichen Durchschnitt abgebildet werden:

Aufenthalt: ein Drittel bei den Großeltern,
zwei Drittel bei den Eltern

Betreuung: ein Drittel durch die Großeltern,
zur Hälfte durch die Mutter,
ein Sechstel durch den Vater.

Der geringe Umfang der Betreuung durch den Vater ergibt sich zunächst aus der Elternzeit der Mutter, aber auch danach liefert der Vater Mia stunden- oder tageweise bei den Großeltern ab. Die Mutter hat Mia immer um sich, wenn sie daheim ist, bezieht die Großeltern dann nur stundenweise ein.

Die Mutter hat studiert, der Vater eine einfache Ausbildung, Beide arbeiten fachfremd, zunächst auf ihren Gewerbescheinen.

Als Mia ein halbes Jahre alt ist gründen die Eltern eine gemeinsame Firma, die ihnen zu gleichen Teilen gehört und in der sie beide in gleichem Umfang arbeiten, sie arbeiten nicht mehr auf ihren persönlichen Gewerbescheinen. Der Vater wird als Geschäftsführer eingetragen.

Nach anderthalb Jahren wird das Gebäude gekauft, in dem sich die gemietete Wohnung im ersten Stock befindet. Damit steht für die Firma der gewerbliche Bereich im Erdgeschoss und das Untergeschoss zur Verfügung. Der Erwerb erfolgt durch die Großeltern, sie stellen das zu 100% finanzierte Haus der Tochter zur Verfügung.

Kurz danach macht die dreiköpfige Familie Urlaub bei den Großeltern väterlicherseits in Tschechien.

Die arbeitslose ältere Schwester des Vaters kommt mit nach Deutschland und wird in einem bewohnbaren Bereich im Kellergeschoss mit ihren beiden Hunden (Kampfhund-Mischlinge) einquartiert. Die beiden Hunde halten sich im gewerblichen Bereich im Erdgeschoss und Keller auf.

Die Schwester wird in der gemeinsamen Firma angestellt und nimmt auch zunächst häufiger an Arbeitsaufträgen teil. Unterkunft und Verpflegung soll sie durch Übernahme der Renovierung der gerade erworbenen gewerblichen Räume im Haus abarbeiten.

Der Großmutter mütterlicherseits fällt seit längerem und zunehmend auf, dass der Vater versucht mit Liebesentzug, Wegsperren und Schlägen auf Hände, Po und Kopf Mia gefügig zu dressieren. Die Großmutter äußert sich mehrfach besorgt gegenüber beiden Elternteilen, die Mutter versichert glaubhaft, dass sie es nicht macht und auch nicht will. Die Eltern des Vaters gehen in ihren jeweils wenigen Tagen ihrer Anwesenheit genauso lieblos und streng mit Mia um.

Der Vater hat mehrfach erwähnt, dass er als Kind sehr unter der strengen Erziehung seiner Eltern mit Schlägen gelitten habe. Er gibt es anscheinend jetzt so weiter an sein Kind.

Die Mutter und die Großmutter waren und sind dagegen beide zutiefst überzeugte Pazifisten und lehnen jede Form der Gewalt ab, insbesondere im häuslichen Bereich und in der Erziehung.

Wenn die Großmutter Mia heim bringt, aber nur der Vater anwesend ist, wehrt sich Mia mit Strampeln und Schreien gegen die Übergabe, will wieder mit Oma gehen. Es ist herzzerreißend.

Die Großmutter lässt sich aber nicht erweichen, sucht eher eine „Schuld" bei sich, weil die Kleine vielleicht zu sehr verwöhnt wird bei den Großeltern. Aber so soll und darf es doch sein.

Es erscheint schon ungewöhnlich, dass sich ein anderthalb jähriges Kind jedes mal so vehement gegen die Rückkehr zum Vater wehrt.

Sobald die Mutter anwesend ist, erfolgt die Übergabe von Mia ohne Probleme und Trennungsschmerz.

In der Ehe beginnt es zu kriseln. Der Vater hockt meistens mit seiner Schwester zusammen, geht immer weniger Arbeiten. Da die Mutter zu der Zeit keinen Führerschein hat, fährt er sie meistens mit dem Firmenwagen zu ihren Arbeitseinsätzen.

Schließlich reduziert sich sein Einsatz für die Firma allein auf das Fahren. Er verkündet, er habe keine Lust mehr zu arbeiten, werde sich stattdessen mehr um Mia kümmern.

Letzteres macht er allerdings nicht. Er liefert Mia sogar vermehrt bei den Großeltern ab und überlässt die Betreuung daheim komplett der Mutter. Auch die Büroarbeit muss sie dabei nebenher erledigen. Er lässt alles liegen, nimmt die Geschäftsführung der gemeinsamen Firma nicht mehr wahr.

Wenn er einen Job annimmt, rechnet er das auf Grundlage seines Gewerbescheins über sein persönliches Konto ab.

Gleichzeitig stellt er immer höhere finanzielle Ansprüche (Kleidung, Schwester, Hunde). Die Mutter versucht gutgläubig trotz der sinkenden

Einnahmen über die Firma, seine Wünsche ihrerseits durch vermehrte Arbeit zu erfüllen.

Dann gibt es einen gravierenden Vorfall. Die Großmutter betreut in der Wohnung der Eltern Mia, weil die Mutter im Keller aufräumen will, der Vater sich aber nicht um Mia kümmern will, sondern mit seiner Schwester im benachbarten Wohnkeller rumhängt.

Als die Großmutter wieder gehen will, wird sie vom Vater angesprochen und gebeten, sich mit Mia nicht mehr im Keller aufzuhalten, denn das könnte gefährlich werden. Er habe der läufigen Hündin ein Lieblingsspielzeug von Mia überlassen als Ersatzwelpe, und das würde die Hündin nun mit Bissen verteidigen. Die Großmutter ist fassungslos, die Mutter hat davon bisher nichts gewusst, war also auch nicht gewarnt. Der Vater nimmt also billigend in Kauf, dass der Hund Mia angreift, wenn die ihr Spielzeug will.

In den nächsten Tagen verweigert der Vater, die Mutter noch zu fahren, und versucht auch zu verbieten, dass die Mutter sich von ihrer Mutter fahren lässt. Die fahren trotzdem zunächst mit dem Firmenwagen, stellen ihn dann aber weg, so dass der Vater auch keinen privaten Zugriff mehr hat. Die Großmutter fährt die Mutter mit ihrem Wagen zu den Arbeitseinsätzen.

Das Verhalten des Vaters in der Wohnung wird immer Messy mäßiger. Er kauft Nahrungsmittel über Bedarf ein, die sich unausgepackt stapeln und schlecht werden, er entsorgt keine Abfälle, wäscht und putzt nicht. Das notwendigste muss die Mutter nach der Arbeit noch erledigen, sobald sie Mia versorgt und schlafen gelegt hat. Sie erledigt also Haushalt, Kinderbetreuung, die Büroarbeiten und die Erwerbsarbeit allein.

Der Vater und seine Schwester werden immer wieder ausfällig bis handgreiflich bei jedem Versuch, sie anzusprechen. Die Schwester hält sich inzwischen tagsüber überwiegend in der Familienwohnung auf oder der Vater geht mit ihr in ihren Wohnkeller. Im Streitgespräch äußern beide mehrfach, das hätte sich ja bald alles erledigt.

Der Vater hat offensichtlich kein Interesse am Kind und seiner Entwicklung.

Auch wenn er damit nur die Mutter verletzen will, darf er doch nicht so mit dem Kind umgehen, es so auf dem Rücken des Kindes austragen.

Die Großmutter überlegt zum Jugendamt zu gehen, weil der Vater Mia häufig schlägt und mit Liebesentzug bestraft und wegen des unglaublichen Vorfalls mit den Hunden. Für sie ist das Maß voll. Die Großmutter will das aber nur mit Zustimmung von Mias Mutter machen. Sie bittet sie, es sich bis nächsten Montag zu überlegen, ob das Jugendamt unterrichtet werden soll.

Auf die Vorwürfe der Großmutter, sich mit diesem Mann eingelassen zu haben, antwortet die Mutter mit Blick auf Mia: „Die Verbindung mit diesem Mann hat sich allein wegen dieses goldigen Kindes gelohnt", und strahlt.

An diesem Mittwoch meldet die Mutter einen Kita - Platz für Mia an, der Vater hat unterschrieben.

Trennung

Am Donnerstag gehen die Mutter und die Großmutter vorbeugend zur Beratung zu einem Anwalt wegen der Äußerungen „das hat sich ja bald erledigt". Sie vermuten eine bevorstehende Trennung und befürchten auch eine eventuelle Ausreise nach Tschechien.

Die Großmutter will die Mutter am Freitag zur Arbeit fahren, da meint der Vater schnippisch, er habe ihren Arbeitstermin für heute abgesagt, da er keine Zeit und Lust habe, sie zu fahren und auch nicht will, dass ihre Mutter sie fahre!
Ihren Auftrag ohne Rücksprache abzusagen, ist ja wohl Firmen schädigend, eine Umsatz- und Einkommensverhinderung. Die Mutter ist außer sich. Sie verlangt, dass er als Geschäftsführer seiner Schwester sofort die Kündigung ausspricht, weil die sowieso nicht mehr mitarbeitet und außerdem habe sie die privaten Gegenleistungen nicht erbracht. Er sagt die Ausführung der Kündigung zu. Auch wegen der Gefährdung von Mia durch die Hunde fordert die Mutter, dass seine Schwester mit den Hunden am Montag ausgezogen sein muss.

Die Großmutter fährt am Samstag die Mutter zur Bahn, die drei Tage in Frankfurt arbeitet.
Die beiden hoffen, dass der Vater, seine Schwester und Mia in der Zeit nicht nach Tschechien verschwinden. Sie haben beide Angst, dass Mia ins Ausland entführt werden könnte.

Nach ihrer Rückkehr aus Frankfurt am Montag Abend kommt dann ein telefonischer Hilferuf von der Mutter an die Großmutter.

Der Vater ist offenbar mit Mia, seiner Schwester, den Hunden, seinen zwei Katzen und Sack und Pack ausgezogen, unbekannt verzogen. Er hat keinen Hinweis hinterlassen.

Er hinterlässt also auch keine Begründung, warum er bei Nacht und Nebel ausgezogen ist, ohne Vorankündigung oder Absprache, und warum er Mia mitgenommen hat, die bisher überwiegend von der Mutter betreut und versorgt worden ist.

Er hat alles mitgenommen, was nicht niet- und nagelfest ist. Es sind kaum noch Haushaltsgegenstände da und nichts an Kinderkleidung, Spielsachen und Kindergeschirr.

Mia hatte außerdem eine Bindehautentzündung, starke Erkältung und hohes Fieber. Er ist also mit dem kranken Kind ausgezogen ohne neuen festen Wohnsitz, hat nur irgendwo Unterschlupf.

Der Vater hat außerdem das Firmenkonto geplündert, die für die Zahlung der fälligen Steuerschuld auf dem Konto stehenden 4000 € hat er abgehoben, das Privatkonto ist auch fast leer.

Da die Mutter am Dienstag arbeitet, versucht die Großmutter vorab für sie die Sachlage zu klären.

Der alarmierte Anwalt rät zu Kontakt mit Jugendamt und Polizei.

Ein mit Schlägen „erziehender", arbeitsscheuer, betrügerischer Vater mit obskurem

Familienhintergrund zieht unbekannt weg mit dem Kind und Sack und Pack und dem ganzen Geld. Wäre der Leasingvertrag nicht zwei Wochen später abgelaufen, dann hätte er sicher auch noch das Auto mitgenommen. Da der Wegzug gemeinsam mit seiner Schwester und den beiden Kampfhunden erfolgte, besteht eine Gefährdung des Kindes, außerdem ist doch nicht auszuschließen, dass sie nach Tschechien abhauen.

Ist es zu glauben, dass Jugendamt und Polizei nicht miteinander versucht haben, den Aufenthalt herauszubekommen und das Kind in seine gewohnte Umgebung bei Mutter, Großeltern und weiteren Verwandten zurückzubringen?
Aber alle angesprochenen Ämter und Behörden verweigern tatsächlich jede Unterstützung für die Mutter.

Die Mutter bekommt per SMS und dann auch am Telefon Kontakt mit dem Vater. Er weigert sich, seinen Aufenthalt, die Umgebung von Mia offenzulegen und er lehnt den Umgang von Mia mit der Mutter ab, was klar ein Verstoß gegen das gemeinsame Sorgerecht ist.
Der Vater sagt dann am nächsten Nachmittag Stunden weisen Umgang der Mutter mit Mia zu, lehnt aber eine Übernachtung von Mia bei der Mutter kategorisch ab.
Mal lehnt der Vater den Aufenthalt bei der Mutter, mal bei den Großeltern ab, bringt und lässt dann aber doch Mia so oft und lange bei denen, dass sie etwa

die Hälfte der Zeit bei der Mutter und/oder den Großeltern verbringt. Das ist trotzdem weniger als vor der Trennung.

Da der Vater kein Auto hat, finden die Übergaben an der Bahnstation statt.

Die ersten Male wird er von seiner Schwester begleitet, die die Mutter und die Großmutter beschimpft.

Der Vater verkündet stolz, das Jugendamt B. sei nach zwei Tagen Vorankündigung bei ihm gewesen und habe alles als bestens empfunden. Seine Schwester und die Hunde waren nicht anwesend.

Es stellt sich schon die Frage, was die Jugendamtmitarbeiterin eigentlich mit zwei Tagen Vorankündigung ohne festen Wohnsitz prüfen wollte. Woher weiß sie, dass es die neue Wohnung des Vaters oder nicht die eines Bekannten ist, ob es das Zimmer und die Spielsachen von Mia waren. Woher weiß sie, ob die beiden mit der Schwester und den Hunden oder nicht oder mit wem sonst zusammenleben?

Die Jugendamtmitarbeiterin ruft die Mutter an. Die Mutter ist sehr ruhig und gefasst. Das Jugendamt lässt die Mutter mit allen ihren Anliegen und Fragen abblitzen, lehnt ein persönliches Gespräch mit ihr ab, will nur ein gemeinsames Gespräch der Eltern moderieren. Die Mutter ist einverstanden. Der Vater ist offenbar schon länger mit der Mitarbeiterin im Kontakt, Einzelgespräche mit ihm wurden offenbar nicht abgelehnt. Die Jugendamtmitarbeiterin scheint nur Handlungsbedarf gegen die Mutter zu erkennen. Kann das wirklich wahr sein?

Wenn der Vater Mia bringt, ist sie eigentlich immer unpassend gekleidet, im T-Shirt und kurzen Hosen bei kühlem Regenwetter, in dickem Fleece-Pulli mit Kapuze bei 30 Grad Außentemperatur, mit Sandalen bei Regen, mit Gummistiefeln an einem strahlenden Sommertag. Gegen Sonne oder Kälte hat sie nie eine Mütze auf.

Die Mutter hat bei sich keine Sachen mehr für die Kleine, weder Kleidung noch Fläschchen, oder, oder…, der Vater hat beim Auszug alles mitgenommen und bringt auch jeweils keine Ausstattung für die Kleine mit bei der Übergabe.

Die Rechtslage ist eigentlich so, dass der ausziehende Elternteil alle damit verbundenen Kosten (Neubeschaffungen) übernehmen muss, nicht der verlassene.

Mia hat allerdings immer ihr Kuscheltier dabei, immerhin.

Es trifft ein Brief an die Mutter vom Anwalt des Vaters ein, er verlangt summarisch 800 € Unterhalt im Monat und Auskunft über das Einkommen der Mutter. Dieses Verlangen ist unhaltbar im vorliegenden Fall, denn beide hatten vereinbart, gemeinsam Mia zu betreuen und in gleichem Maß in der gemeinsamen Firma Erwerbseinkommen zu erarbeiten. Insofern müssten beide gegenseitig ihr Einkommen offenlegen, wobei der Vater als Geschäftsführer der Firma alle Unterlagen hat und daher für beide umfassender Auskunft geben können muss als die Mutter für sich.

Nach ein paar Wochen beginnt der Vater Aufenthalte von Mia zu verweigern, es sei demnächst schlecht, er habe einiges vor, wo er Mia dabei haben müsse. Er sagt „müsse", nicht „wolle". Wegen des gemeinsamen Sorgerechts kann es solche Termine eigentlich nicht geben, mindestens müsste die Mutter darüber zeitlich und inhaltlich informiert werden. Das Verhalten des Vaters ist rechtswidrig.

Dann verweigert der Vater überraschend und unbegründet plötzlich jeden Umgang von Mia mit den Großeltern, die sollen das gerichtlich klären lassen, die Großeltern hätten keinen Anspruch auf Umgang. Stimmt wörtlich so zwar, aber Mia hat Anspruch nicht nur auf Umgang, sondern sogar auf Aufenthalt bei ihren Großeltern.

Der Vater lehnt eine zwischen ihm und der Mutter wechselnde Betreuung unter Einbeziehung der Großeltern ab.

Er geht nicht darauf ein, dass auch auf Termine der Mutter Rücksicht zu nehmen wäre, die Aufteilung der Betreuung einvernehmlich erfolgen müsse, er nicht nur von seinen Bedürfnissen ausgehen darf.

Er ergänzt seine Sichtweise damit, dass außerdem Mia bei seiner Wohnungssuche jetzt immer dabei sein solle.

Nach seinem Umzug käme Mia sowieso in den Kindergarten, da müsse sie ja jeden Tag hin, dann könne sie sowieso nicht mehr nach B. kommen!

Mit seinen Argumenten bestätigt er also, dass er noch keinen festen Wohnsitz hat, sondern mit Mia nur irgendwo Unterschlupf gefunden hat. Es ist wirklich ein ungeheures Ansinnen von ihm, dass die Mutter des Kindes das alles so hinnehmen soll.

Die Großmutter ruft bei der Jugendamtmitarbeiterin in B. an. Sie wird abwimmelt damit, dass die sowieso nichts tun könne für die Großeltern. Einseitige durch den Vater vollendete Tatsachen kann sie nicht ändern, das können nur die Eltern einvernehmlich oder das Familiengericht.
Für den Versuch zum Einvernehmen bietet sie wieder ein gemeinsames Gespräch mit den Eltern an. Da sich aber der Vater bisher weigert teilzunehmen, ist es ein leeres Angebot.
Trotz ihrer Schweigepflicht gesteht sie dann mehr oder weniger zu, es gäbe nur den Hinweis der Großmutter auf eine Gefährdung des Kindes beim Vater, das habe sie geprüft und keine Auffälligkeiten oder Gefährdungen festgestellt.
Es gibt keine entsprechenden Hinweise der Gegenseite gegen die Mutter, deshalb müsse sie deren Umgebung (die bisherige gewohnte Umgebung von Mia) nicht prüfen oder vergleichen.
Das Jugendamt dürfe nicht auf besser/schlechter, sondern dürfe nur auf gravierend unzumutbar prüfen.
Sie geht nicht darauf ein, dass der Vater zur Zeit keinen festen Wohnsitz hat, sie dort also eigentlich gar nichts prüfen kann.

So sehr sich Mutter und Großeltern jeweils über Mias Aufenthalt freuen, so sehr sind sie bestürzt, dass der Vater das Aufenthaltsbestimmungsrecht unbehelligt einseitig allein für sich in Anspruch nimmt, obwohl volles gemeinsames Sorgerecht besteht und bisher die Mutter überwiegend die Betreuung übernommen hatte, ergänzt durch die Großeltern.

Dieses Verhalten des Vaters ist eindeutig rechtswidrig, weder Jugendamt noch Anwälte oder Polizei sind gewillt, dem Kind oder die Mutter bei der Durchsetzung ihrer Rechte zu unterstützen.

Der Vater bringt nach ein paar Wochen Mia mit dem Auto (von der gemeinsamen Bekannten Steffi gefahren) zur Mutter. Es kommt zum Streit zwischen Vater und Mutter wegen Umgang (er will nur tagsüber ohne Übernachtung zugestehen), er spricht den Großeltern den Umgang ganz ab, die sollen sich nicht mehr einmischen.

Dabei übersieht er völlig, dass es nicht um den Umgang mit dem Kind geht, sondern um Aufenthalt des Kindes zum Wohl des Kindes.

Er kündigt an, die gemeinsame Firma auflösen zu lassen (was er bei der Rechtsform eigentlich nicht kann), er will die Post an die Geschäftsführung zunächst nicht entgegen nehmen. Er hätte keine Firmenunterlagen, es gäbe nur den Ordner beim Steuerberater. Wahrscheinlich hofft er, dass mit Auflösung der Firma die Mitnahme der 4000€ erledigt ist.

Sein Vorhaben würde auf jeden Fall die Firma und die Einkommenssituation stark beeinträchtigen, das widerspricht seiner Forderung nach Unterhalt und richtet sich auch gegen das Wohl des Kindes.

Der Notar teilt der Mutter mit, dass er das Ansinnen des Vaters, die Firma aufzulösen, abgewiesen hat. Er könne als Geschäftsführer zurücktreten oder die Firma als Miteigentümer verlassen, aber er könne sie nicht ohne Zustimmung der Miteigentümer auflösen.

Der Anwalt der Mutter weist in seinem Schreiben an die Gegenseite den Anspruch auf Unterhalt zurück wegen hälftiger Betreuung und Erwerbsarbeit, er verlangt im Gegenzug Einkommensnachweise vom Vater und meldet bei der Gegenseite Anspruch auf das Aufenthaltsbestimmungsrecht an.

Bei der nächsten Übergabe von Mia an der Bahnstation wird der Vater von einer der Mutter unbekannten Frau begleitet (die Mutter vermutet eine Tschechin aus einer ihr bekannten Putzfrauen – WG, mit denen hatte die Schwester des Vater viel Kontakt).
Der Vater holt Mia abends bei der Mutter wieder ab. Steffi fährt ihn, dieselbe Frau von heute Morgen ist auch dabei. Steffi bestätigt der Mutter: es ist eine Tschechin aus der WG, wo der Vater mit Mia derzeit Unterschlupf gefunden habe. Das ist eine überraschende Bestätigung der Vermutung. Mia hat also ein Umfeld nur mit tschechischen Frauen (eine Umgebung mit Alkohol und Drogen).
Eigentlich sollte man dem Jugendamt einen Hinweis geben, aber die können es wegen Voranmeldung ja nicht wirklich prüfen, außerdem ist der Vater dort nicht gemeldet.

Der Vater übergibt beim nächsten Mal (allein) der Mutter an der Bahn Mia. Der Vater sagt zu, bald auf den Zugriff auf das persönliches Girokonto der Mutter zu verzichten, er benutzt angeblich inzwischen nur sein eigenes Konto.

Am nächsten Abend bringt die Mutter Mia zu seinem Vater an die Bahn. Die Mutter und der Vater streiten um Geld, akut die Heizungskosten über 2700 €. Der Vater will dazu nichts beitragen, obwohl er ja dort im Abrechnungszeitraum auch gewohnt und Einkommen erworben hat.

Er habe leider gerade keine Zeit, sein Zugriffsrecht auf das private Girokonto der Mutter zu löschen.

Bei der nächsten Übergabe unterschreibt er dann den von der Mutter mitgebrachten schriftlichen Löschungsantrag seiner Vollmacht auf das private Girokonto der Mutter.

Beim abendlichen Zurückbringen von Mia gibt es wieder Streit zwischen Vater und Mutter um Geld, „mein Geld, unser Geld, 4000 Entnahme, 500 für Auto-Inspektion, Telefonrechnungen des Vaters, Heizungskosten".

In den nächsten Wochen fährt der Vater bei den Übergaben mehrmals allein entweder mit einem unbekannten Auto oder dem Wagen von Steffi, manchmal wird er von Steffi gefahren.

Er bekommt angeblich die Wohnung von Steffi.

Als Mia am Sonntag vom Vater abgeholt wird, will sie nicht mit, schreit herzzerreißend und klammert an der Großmutter.

Der Vater ist bei den Übergabeterminen immer sehr unpünktlich, kommt eine halbe bis dreiviertel Stunde zu spät.

Hin und wieder versucht der Vater am Telefon oder per SMS sehr kurzfristig die Übergabetermine um Stunden oder Tage vorzuverlegen oder zu verschieben. Nicht immer geht die Mutter darauf ein, da sie sich oft schon etwas mit Mia vorgenommen hat.

Mia ist bei ihren Aufenthalten in B. wechselnd bei ihrer Mutter und ihren Großeltern, oft sind auch alle hier oder dort zusammen.

Mia fühlt sich pudelwohl bei ihrer Mutter oder ihren Großeltern.

Die Mutter ist besorgt wegen des unklaren Umgangs, der unklaren Umgebung von Mia beim Vater.

Die Großmutter schreibt zur Trennung der Eltern und der Rolle des Jugendamtes eine Mail an den DKSB (Deutscher Kinderschutzbund).

Der DKSB in B. meldet sich bei der Großmutter, kündigt den Anruf einer Sozialpädagogin an.

Im zweiten Monat nach der Trennung antwortet der Vater auf eine Anfrage der Großmutter mit der SMS „möchtet ihr Lena jetzt von Freitag bis Samstag haben?".

!!! Lena !!! Mias dritter Vorname, nicht ihr Rufname!

Nennt er sie jetzt etwa so? Was soll das?

Will er sich ohne Rücksicht auf das Kind von der Mutter und den mütterlichen Großeltern abgrenzen?

Die Cousins von Mia, die Söhne der Schwester der Mutter, übernachten am Wochenende oft bei den Großeltern, Mia auch, wenn das mit ihrem Aufenthalt zusammentrifft.

An einem solchen Tag findet die Übergabe an den Vater bei den Großeltern statt. Wieder klammert sie an der Großmutter und schreit herzzerreißend wie immer. Sie tut allen, außer ihrem Vater, so unendlich leid und man kann nichts tun. Es tut so weh, sie so dem Vater übergeben zu müssen.

Die Situation mit dem ständigem Wechsel jeweils nach einem oder wenigen Tagen ist sehr zerrissen für das Kind, sicher eine Belastung. Und es entspricht für Mia ganz und gar nicht ihrem bisher gewohnten Umgang überwiegend mit der Mutter und den Großeltern.

Bei einem Telefonat der Großmutter wegen eines Termins mit Mia meint der Vater nur kalt, wenn er eine Wohnung gefunden hätte, käme Mia dort in den Kindergarten und gar nicht mehr nach B....und außerdem würde das Hin und Her die Kleine psychisch belasten und das wird ja dann alles der Richter entscheiden (??).

Die Großmutter wendet ein, dass er ja für Mia mit ihrem Wegzug den dritten Aufenthaltsort und den ständigen Wechsel veranlasst hat, zwei Aufenthaltsorte sei sie ja gewohnt gewesen.

Bei den nächsten Übergaben ist immer Steffi dabei, die sagt Mia zu der Kleinen, der Vater sagt ausschließlich Lena.

Meistens wendet der Vater bei der Übergabe einen sehr strengen Ton gegen Mia an, er schimpft dann aber immer auf tschechisch, so dass die anderen Anwesenden nicht wissen, was er zu Mia sagt.

Er ist kaltschnäuzig und sehr streng zu ihr, verspricht ihr manchmal einen Schoko-Riegel, den er schon an der Haustür in der Hand hält (Bestechung, damit sie nicht schreit??!!). Er stellt den Riegel dann wieder in Frage für den Fall, dass sie noch einen Laut von sich gibt. So geht es ein paar mal ohne Geschrei.

Wenn man das so beobachtet, fällt es schwer zu glauben, dass Mia Tschechisch mögen kann, denn sie erlebt es als Beschimpfungssprache.

Wenn die Eltern des Vaters alle Vierteljahr eine Woche in Deutschland sind, akzeptieren Mutter und Großeltern, dass Mia dann bei denen ist, würden sie bei Bedarf aber jederzeit gern betreuen.

Mutter und Großmutter führen nach drei Wochen Wartezeit beim DKSB in B. ein Gespräch mit einer Sozialpädagogin. Sie scheint auf der Seite des Vaters zu stehen und verharmlost die Befürchtungen wegen der Umgebung und der Erziehung beim Vater.

Der Vater beansprucht und handhabt rechtswidrig nach wie vor die Aufenthaltsbestimmung allein und nach Gutdünken. Mia, die Mutter und die Großeltern sind auf sein Wohlwollen angewiesen, es gibt keine nachhaltigen Vereinbarungen, keine Rücksicht auf andere Termine. Mia ist dadurch mehr bei und allein mit dem Vater als jemals zuvor.

Die Vermutung ist naheliegend, dass er sie immer auch zu Fremden abschiebt, denn es ist wenig glaubwürdig, dass er jetzt mehr Lust zur Betreuung hat als vor der Trennung.

Mia ist bei den Übergaben zwischen Mutter und Großeltern in beide Richtungen immer fröhlich und ohne jeden Trennungsschmerz.

Sie nennt sich plötzlich mal selbst Lena. Aber nach einer Dreiviertelstunde Ansprechen mit Mia kehrt auch sie wieder zu Mia zurück. Die Großmutter hat ein wenig Sorge, dass Mia vom Vater bestraft wird, wenn sie sich selbst Mia nennt, aber sollen die Mutter und die Großeltern deshalb den Namen Mia aufgeben?

Der Anwalt der Mutter stellt erneut den Antrag auf Aufenthalt bei der Mutter, aber leider nicht hälftig wie mit ihm vereinbart, sondern eher als erweiterten Umgang. Die Mutter ist schwer enttäuscht, anscheinend hat der Anwalt nichts begriffen von den Besonderheiten dieses Falles.

Mia spielt immer sehr ausgelassen und fröhlich bei der Mutter und den Großeltern. Sie zeigt keine Reaktion als ihr der Papa angekündigt wird. Nur verwendet sie einmal danach den Namen Lena (sie weiß also, was auf sie zukommt). Dann will sie sich nicht anziehen lassen und als es klingelt bricht sie wieder in herzzerreißendes Schreien aus „nein, nein, nein, nicht zu Papa". Ihr Vater besticht sie dann wieder mit einem gleich an der Haustür gezeigten Riegel, den er mehrmals wieder in Frage stellt, falls sie nicht sofort ruhig sein sollte. Er nennt sie wieder Lena. Er befördert sie hart und mit strengem Ton ins Auto (seine Begleiterin Steffi ist freundlicher). Mia winkt der Großmutter heftig zu als sie losfahren.

Die Sozialpädagogin des DKSB hält den Namenswechsels von Mia zu Lena durch den Vater nicht für problematisch, damit könne ein Kind umgehen. Das sei wie der Wechsel zwischen Rufnamen und Kosenamen. Mutter und Großeltern haben da so ihre Zweifel, insbesondere auch, weil der Vater sicher Druck ausübt.

Bei der nächsten Übergabe von Mia kommt der Vater offensichtlich gerade von einem Einzelgespräch beim DKSB. Er teilt der Großmutter mit, dass er auf keinen Fall einen gemeinsamen Gesprächstermin, wo auch immer, wahr nehmen will.

Die Sozialpädagogin des DKSB teilt der Mutter ihre Beobachtung mit, dass der Vater sich in dem zweistündigen Gespräch als ein liebevoller Vater gezeigt habe (?).

Bei allen folgenden Übergaben an den Vater (immer begleitet von Steffi) schreit Mia herzzerreißend „nein, nein, nicht zu Papa", klammert sich an die Mutter oder Großmutter. Der Vater beschimpft sie streng und heftig auf tschechisch. Mia lässt sich dann weinend von der Mutter auf den Arm des Vaters weitergeben und ins Auto setzen. Sie schreit als letzten verzweifelten Versuch dann meistens nach Oma und Opa, die sollen mitkommen.

Als die Großmutter den Vater auf einen nächsten Termin anspricht, rastet er total aus, sie solle sich nicht einmischen, sie hätte gar keine Ansprüche. Auf ihre Ergänzung, er müsse das gemeinsam mit der Mutter entscheiden, behauptet er, die Mutter frage ja gar nicht nach, wann sie die Kleine haben dürfte. Er nennt die Kleine wieder Lena. Er ist ausgesprochen schlecht gelaunt. Freude über das Kind ist ihm auf jeden Fall nicht anzumerken.

Es ist verwunderlich, dass Mia angeblich so unglaublich viele Termine für ein so kleines Kind hat, die Mutter aber Inforecht hätte, was die Kleine für Termine hat.

Der Vater verlangt für die Zukunft eine längerfristige Anmeldung.

Daraufhin bittet die Mutter um 7 Tage Aufenthalt von Mia in 14 Tagen für einen Urlaub mit Mia, sie habe schon alle Arbeitseinsätze verschoben. Zum Inforecht und Urlaubsrecht solle er seinen Anwalt fragen.

Der Vater stellt einen Übergabetermine an ihn um 19 Uhr als zu spät in Frage, weil sich „Lena" jeweils noch von der Freude, wieder bei ihrem Vater zu sein, vor dem Schlafengehen ausreichend erholen müsse!

Die Mutter möchte die nächste Übergabe an sie schon um 8 Uhr statt 9 Uhr wegen Terminen, sie hat um 8 Uhr einen Gesprächstermin bei der Sozialpädagogin des DKSB in B., den sie nicht absagen möchte. Der Vater antwortet auf diese SMS-Anfrage nicht.

Mutter und Großmutter fahren zu 8 Uhr zur vereinbarten Bahnstation in W.. Keiner ist zu sehen. Telefonat und SMS mit dem Vater. Er besteht auf einer Abholung erst um 9 Uhr. Die Mutter weist auf ihren Termin um 8 Uhr hin und verlangt die Adresse des Vaters, die er ihr eigentlich sowieso nicht vorenthalten sollte, damit sie den Aufenthaltsort des Kindes kennt. Er und Mia seien ja angeblich umgemeldet, was eigentlich nicht geht ohne ihre Zustimmung. Er gibt die Adresse per SMS. Es ist die Wohnung der gemeinsamen Bekannten Steffi. Es gibt einen kurzen Streit zwischen Mutter und Vater an der Wohnungstür, Mia will zu ihrer Mutter, der Vater drängt und schimpft Mia zurück, knallt die Tür zu. Die Mutter telefoniert mit der Sozialpädagogin, kündigt ihre Verspätung an und fragt um Rat. Die meint, man könne da nichts machen, Eltern müssen sich allein einigen. Also warten.

Um 9 Uhr holt die Mutter dann Mia ab, die fröhlich auf ihrem Arm mitkommt.

Mia bekommt beim DKSB-Gespräch Spielsachen (dieselben wie beim Gespräch mit dem Vater!!). Die Mutter macht die Bemerkung, dass es besser gewesen wäre, in beiden Fällen keine Spielsachen zu geben, damit die Elternteile wirklich zur Beschäftigung mit Mia gefordert gewesen wären. Das hätte sie erwartet.

Die Mutter hat einen Brief des Gegen-Anwalts erhalten mit einer Zahlungsaufforderung zum Unterhalt über 2400 € für 3 Monate. Sie ärgert sich über die Tatenlosigkeit und falschen Antworten ihres Anwalts, fühlt sich nicht wirklich vertreten.

Bei der nächsten Übergabe an den Vater (mit Steffi) schläft Mia auf dem Arm ihrer Mutter, die Übergabe ist dadurch wenig spektakulär, aber Mia schreit dann im Auto doch noch. Der Vater „verrät", dass er nächsten Monat durchgehend arbeitet, Mia sei dann bei einer Freundin!!?
Das geht eigentlich so nicht ohne die Zustimmung der Mutter.
Die hätte Vorrang, Mia zu betreuen, wenn der Vater keine Zeit hat. Bei Bedarf müssten sie gemeinsam eine andere Lösung suchen. Eine einseitige Übertragung der Betreuung an Dritte ist nicht in Ordnung.
Der Vater will sich zum geplanten Urlaub von Mia mit seiner Mutter erst morgen äußern.
Heute hat der Anwalt der Mutter ein sehr deutliches Schreiben (endlich gemäß ihren Wünschen) rausgeschickt. Er stellt einen Urlaubsantrag für eine Woche in 14 Tagen, fordert die Offenlegung des Einkommens des Vaters in den letzten drei Jahren bis Ende dieses Monats.

Die Mutter erfährt beim Einwohnermeldeamt, dass Mia umgemeldet wurde nach W. ohne Zustimmung der Mutter und dass ihr deshalb hier kein neuer Pass für Mia ausgestellt werden kann. Die Mutter telefoniert mit ihrem Anwalt, der daraufhin von der Gegenseite eine Zusage zu diesem Urlaub und die Aushändigung von Mias Pass bis Montag Mittag verlangt, sonst ergehe ein gerichtliches Eilverfahren.

Es erscheint unfassbar, dass Jugendamt und Polizei nicht miteinander versucht haben, das Kind in seine gewohnte Umgebung bei Mutter, Großeltern und weiteren Verwandten zurückzubringen. Immerhin ist das Kind bei einem gewalttätigen, schlagenden, arbeitsscheuen Vater ohne Interesse am Kind, zu dem das Kind nicht will.
Aber weiter verweigern alle angesprochenen Ämter und Behörden jede Unterstützung der Mutter.

Die Mutter möchte mit Mia Urlaub in Spanien machen, dort mit ihr ein bekanntes Ehepaar besuchen. Der Vater will den Pass nicht herausgeben.
Auf Grund von „Verplauderungen" des Vaters ist zu vermuten, dass er demnächst 6 Tage die Woche arbeitet und Mia in der Zeit auch über Nacht bei einer Freundin unterbringt und dann jeweils mindestens 6 Tage keinen Kontakt mit ihr hat. Eigentlich muss die Mutter einer solchen Unterbringung auch zustimmen, außerdem müsste sie zuerst gefragt werden, ob sie Mia in der Zeit betreuen will und kann. Die Mutter hat absoluten Vorrang vor dritten Personen zu haben, insbesondere bei so langen Aufenthalten.

Offensichtlich geht es dem Vater nicht in erster Linie um das Wohl des Kindes, sondern um „Verletzung/Bestrafung" der Mutter.

Die Mutter bekommt einen Anruf vom Jugendamt in W., dass der Vater zu einem Gespräch dort bereit wäre. Der Mitarbeiter spricht von „Lena Mia".
Die Mutter lehnt ein solches Gespräch ab, weil sie damit akzeptieren würde, dass Mia in W. gemeldet ist. Sie möchte deshalb ein solches Gespräch beim Jugendamt in B., der Jugendamtmitarbeiter akzeptiert das und bietet an, auch dabei zu sein. Er will mit dem Jugendamt in B. Kontakt aufnehmen.

Der Anwalt der Mutter stellt einen Eilantrag mit eidesstattlicher Erklärung wegen Urlaub mit Mia und Herausgabe ihres Passes
Doch das Gericht in B. (bisher nach wie vor der rechtmäßige Wohnort von Mia) erklärt sich als nicht zuständig, da der Vater mit dem Kind nach W. weggezogen sei. Deshalb müsse der Antrag in W. gestellt werden!!

Der Anwalt nimmt telefonischen Kontakt mit dem Gegenanwalt auf, der ihm zugesteht, auch Probleme mit dem Vater zu haben. Sie vereinbaren, dass der Vater mit der Mutter heute eine Übergabe von Mia vereinbart. Der Vater sagt am Telefon zu, dass er Mia am Freitag bringen wird, ob mit dem Pass, das werde die Mutter ja dann schon sehen.
Wenn es in dem Streit der Elternteile im wesentlichen auch um den Aufenthalt geht, der

bisher hälftig war, kann dann das Gericht wirklich zugunsten des unbekannt verzogenen Vaters entscheiden, nicht zuständig zu sein?

Wer entscheidet, welches Gericht zuständig ist?

Mutter und Großmutter neigen dazu, den Eilantrag nicht noch einmal beim anderen Gericht zu stellen, auch um damit nicht die Zuständigkeit in W. anzuerkennen als Lebensmittelpunkt von Mia. Sie wollen einfach hoffen, dass der Vater „einsichtig" ist.

Der Anwalt der Mutter hat noch einmal telefonischen Kontakt mit dem Gegenanwalt. Sie einigen sich darauf, dass der Vater überzeugt werden soll, dass er sich schadet, wenn er den Pass von Mia nicht raus gibt. Es gibt mindestens seine mündliche Zusage, dass er Mia am Freitag zu einer noch unbekannten Uhrzeit an die Mutter für einen achttägigen Urlaub übergibt.

Am Freitag um 8 Uhr ruft der Vater die Mutter an, sie könne Mia um 10 Uhr bei Steffi (!!!) abholen, er sei arbeiten, den Pass habe er nicht gefunden und kann ihn also nicht übergeben.

Die Mutter verlangt ein Treffen mit ihm und Mia beim Einwohnermeldeamt in B. für die Erstellung eines neuen Passes, er solle um 10 Uhr dort sein. Die Großmutter sucht und erstellt am PC ein biometrisches Foto von Mia in richtiger Größe

Der Vater erwidert, das Einwohnermeldeamt in W. sei zuständig, weil er Mia umgemeldet habe, wir sollten sofort kommen. Er stellt die Bedingung, er würde nur kommen, wenn die Großmutter ihn anschließend zu seinem Arbeitsplatz fahre.

Also fahren Großmutter und Mutter nach W. Der Vater lässt sie eine Viertelstunde vor dem Haus warten (obwohl er es doch angeblich eilig hat). Mia jubelt innen mehrfach „Mama", der Vater schimpft zornig.

Vater, Mia, Mutter und Großmutter fahren zum Einwohnermeldeamt in W.. Während der gut halbstündigen Bearbeitung ist der Vater überwiegend draußen, raucht ständig und telefoniert. Seine Miene verfinstert sich zunehmend.

Die Bearbeiterin stellt die unterschiedliche Anmeldung von Mutter und Vater und Mia fest. Sie müsse deswegen die Unterlagen in B. anfordern. Die Mutter erklärt, dass sie sofort hier und heute eine Lösung braucht.

Die Mitarbeiterin fragt nach einer Geburtsurkunde von Mia, die die Mutter glücklicherweise hat nachmachen lassen. Der Vater ist sehr erstaunt. Dann fragt der Vater lauernd nach Fotomöglichkeiten in der Nähe. Die Mutter zieht die Fotos raus, die Bearbeiterin hält die Fotos für brauchbar und macht sich an die Arbeit. Der Vater ist zunehmend schlechter gelaunt und wütend, offensichtlich weil er die Passerstellung nicht verhindern kann. Gekrönt wird das Ganze durch den aufklärenden Hinweis, dass der alte Pass damit ungültig ist und nicht mehr verwendet werden darf. Auch damit hatte der Vater offenbar nicht gerechnet. Sein Zurückhalten des Passes war damit also sinnlos.

Mutter und Großmutter fahren den Vater zum Arbeitsplatz und gleich wieder heim, sein Einsatz wurde zwischenzeitlich telefonisch abgesagt, er muss nur die Arbeitskleidung abgeben.

Der Vater verlangt, dass die Mutter eine Liste mit dem Inhalt von Mias Reisetasche unterschreibt. Die Mutter überprüft den Inhalt und unterschreibt, anschließend während der Fahrt verändert der Vater die Liste. Er behält diese Liste, die Mutter hat keine Kopie.

Am Sonntag bringt die Großmutter die Mutter und Mia zum Flughafen, sie fliegen nach Spanien.

Jeden zweiten Tag rufen die Mutter und Mia aus Spanien an.

Der Anwalt der Mutter fordert mit einem Schreiben an die Gegenseite:

Übergabe von Mia an den Vater frühestens am Montag wegen sehr später Rückkehr der beiden am Sonntag Abend.

Aufenthalt bei der Mutter, wenn der Vater arbeitet.

Die Mutter ist mit der Betreuung durch fremde Dritte nicht einverstanden.

Aufforderung zu einvernehmlicher Regelung des Aufenthalts von Mia ab Arbeitsbeginn der Mutter in drei Wochen mit Stellungnahme bis in 8 Tagen.

Am Sonntag Abend holt die Großmutter Mutter und Mia vom Flughafen ab.

Die Mutter teilt dem Vater per SMS mit, dass Mia aus mehreren Gründen frühestens morgen zu ihm kommt.

Er wollte bisher nie eine Übergabe an ihn nach 18 Uhr.

Er hat die Mutter unterschreiben lassen, dass alle Sachen im vorherigen Zustand zurückkommen müssen, also muss sie die noch waschen.

Außerdem möchte sie mit dem Kind wegen weiterhin entzündeter Wange vor der Übergabe sicherheitshalber zum Arzt.

Am Montag vereinbart die Mutter für Mia einen Hautarzt-Termin am Mittwoch, eher ist nicht möglich.

Die Mutter telefoniert mit der Mitarbeiterin des Jugendamts in B. und erfährt von einem geplanten Gesprächstermin in sieben Wochen in B. zusammen mit dem Jugendamtmitarbeiter aus W. und dem Vater.

Die Mutter telefoniert mit ihrer neuen Anwältin wegen der Betreuung durch Fremde, dem Arzttermin erst am Mittwoch und der bestehenden Gefahr der Verbringung von Mia nach Tschechien. Die Anwältin schlägt Eilantrag beim Amtsgericht vor.

Am Amtsgericht bekommt die Mutter indirekt und unverbindlich nach interner Rückfrage bei einem Familienrichter die Auskunft, dass es kein Problem sei, wenn sie Mia zunächst behält. Aber ein Eilantrag in der Sache wird nicht angenommen.

Die Mutter bekommt noch telefonischen Kontakt mit dem Mitarbeiter des Jugendamtes in W., auch der sieht kein Problem.

Abends stehen der Vater und Steffi bei der Mutter vor der Tür als die Großmutter Mutter und Mia heim bringt. Mia bleibt im Auto, nur die Mutter steigt dann aus. Der Vater macht keinen Versuch, mit Mia Kontakt aufzunehmen, grüßt nicht, ruft nicht, geht nicht zum Auto.

Der Vater will Mia mitnehmen, gibt aber keine Begründung, warum sie nicht bei der Mutter bleiben kann, kann seinerseits aber nicht entkräften, dass er arbeitet und sie nicht betreuen kann. Er teilt zum ersten mal mit, dass seine Mutter aus Tschechien da sei, Mia zu betreuen, wenn er arbeitet. Die Mutter pocht auf Vorrang der Betreuung durch sie, außerdem will sie den Arztbesuch am Mittwoch wahrnehmen. Der Vater hat nie mitgeteilt, wann und wo sich Mia aufhält, außer sie hätte Termine(!), er will aber immer exakt auf die Minute wissen, wann und wo sich Mia aufhält mit der Mutter. Er akzeptiert die Tatsache des gemeinsamen Sorgerechts nicht, die Mutter akzeptiert nicht die Betreuung durch Dritte. Es ist keine einvernehmliche Einigung möglich.

Gerichtsverfahren

Die neue Anwältin der Mutter wird sofort Eilantrag stellen zur Aufenthaltsbestimmung durch die Mutter wegen Arbeiten des Vater, Betreuung durch deren Mutter nicht akzeptabel ist, und es bestände Eile wegen Gefahr der Verbringung nach Tschechien.
Sie hält weiter die Institutionen in B. für zuständig.
Gleich anschließend will sie ein Hauptverfahren über das alleinige Aufenthaltsbestimmungsrecht für die Mutter beantragen.
Am gleichen Tag kommt eine Mail, dass der Vater den Anwalt gewechselt hat und der einen Eilantrag gestellt hat in W. auf Herausgabe von Mia an den Vater.
Es folgen mehrere Telefonate zwischen Mutter und Vater. Die Mutter verweigert dann die Herausgabe von Mia auch wegen des laufendem Eilantrags des Vaters.

Nach langen Diskussionen wird vom Anwohnermeldeamt in W. ein Antrag zur Rückwandlung von Mias Anmeldung entgegengenommen, aber es könne Tage dauern, bis das mit dem Einwohnermeldeamt in B. geregelt ist.

Die Mutter ist mit Mia beim Hautarzt in B. Der Hautarzt hat für den Ausschlag auf Mias rechter Wange eine fettarme Salbe verschrieben, die nur sehr dünn, auf jeden Fall nur gegen Kälte bei längerem Außenaufenthalt aufgetragen werden soll. Es darf auf keinen Fall eine Fettsalbe verwendet werden. Als mögliche Ursachen hat er genannt entweder eine allergische Reaktion auf etwas im Umfeld des Vaters oder Stress beim Vater. Falls der Ausschlag nicht konstant behandelt und beendet wird, könne er chronisch werden.

Das Gericht in W. teilt mit, dass für Freitag ein Termin zum Eilantrag des Vaters in W. anberaumt ist.
Die Anwältin der Mutter lehnt den Termin und die Zuständigkeit des Gerichts in W. ab.
Der Termin sei zu kurzfristig, da sie nur eine Woche Zeit für seine Stellungnahme habe und sie diese Woche wegen anderer Termine nicht dazu kommt.
Außerdem müsse die Zuständigkeit des Gerichts in B. geprüft werden, weil

Mia sich dort derzeit bei der Mutter aufhält,

es der gemeinsame Wohnsitz war,

der allgemeine Aufenthalt des Kindes üblich erst nach sechs Monaten Trennung bestimmt wird,

ein Eilantrag gestern von ihm in B. gestellt wurde.

Am Donnerstag stellt das Gericht in W. seine Zuständigkeit fest, die Parteien haben eine Woche Gelegenheit zur Stellungnahme.

Am Freitag ruft der Jugendamtmitarbeiter aus W. an wegen Umgangsrecht des Vaters. Die Mutter bietet dem Vater an, dass er Mia am Sonntag besuchen kann. Er reagiert nicht.
Am nächsten Tag, Samstag, ruft der Vater die Mutter um 9 Uhr an, dass er um 9:30 kommt, Mia zu

besuchen. Er kommt dann mit seiner Mutter um 9:50, die Mutter der Mutter kommt auch dazu.

Mia ist sehr erstaunt und begrüßt den Vater und dessen Mutter sehr zurückhaltend, kein Jubel, aber sie sagt lächelnd „Papa" und umarmt den Vater. Er und seine Mutter „beschäftigen" sich zwei Stunden mit Mia. In beide Richtungen kommt keine Herzlichkeit auf. Der Vater nimmt die Gelegenheit wahr und nimmt wieder Dinge aus der Wohnung der Mutter mit, missbraucht also den Besuch bei Mia für eigene Interessen.

Darauf angesprochen, dass er der Mutter ihre Sachen zurückgeben will, wenn er wieder eine feste Wohnung hat, vertröstet er sie mit „wenn ich mal dazu komme, die Kartons auszupacken". Er will detailliert wissen, wann Mia nachts und mittags schläft. Ganz abgesehen davon, dass der jeweilige Betreuer das bestimmt, er selbst sich an solche Regeln niemals halten würde, ist Mia inzwischen alt genug, einen eigenen Willen zu haben und haben zu dürfen. Die Forderung ist also albern.

Er verlangt die Herausgabe von Mia am nächsten Dienstag. Die Mutter verweigert das wegen des laufendem Verfahrens und bietet einen Besuch am Dienstag an. Wahrscheinlich reist die Mutter der Mutter morgen oder am Dienstag wieder ab, die Mitnahmegefahr ist also noch nicht gebannt.

Als der Vater von Mia sie anspricht, ob sie nicht zu ihm wolle, zählt sie Namen aus Spanien auf. Der Abschied ist von Mias Seite kühl, sie winkt beiden mechanisch kurz zu, sagt „Oma bleiben" und versteckt dann ihren Kopf im Katzenbaum. Erst als die beiden raus sind, taucht sie wieder auf, ohne noch mal hinterher zu schauen.

Der Vater meldet sich nicht wegen eines Besuchs am Dienstag, er fragt am Mittwoch per Mail an (in einer für ihn nicht üblichen Sprache und Schreibweise), ob er „Lena" von Freitag bis Sonntag haben kann.
Die Mutter möchte vor einer Zusage einen Kommentar ihrer Anwältin abwarten. Sie befürchtet, dass Mia am Sonntag dann nicht zu ihr zurück kommt, andererseits will er bei Ablehnung die Mutter vielleicht damit vorführen vor Gericht.
Noch haben beide das Aufenthaltsbestimmungsrecht gemeinsam, er kann es so wahr nehmen wie die Mutter, andererseits beinhaltet der Eilantrag von der Anwältin der Mutter gerade, dass eine Übergabe an ihn vor Gerichtsbeschluss nicht in Frage kommen kann. Eine Übergabe von Mia an den Vater würde den Eilantrag inhaltlich hinfällig machen. Die Frage ist nur, ob das Gericht diese Formalien überhaupt betrachtet oder einfach feststellt, die Mutter habe aus Sicht des Kindeswohls falsch gehandelt und damit verloren. Eine dramatische Situation.
Am nächsten Tag meldet sich die Anwältin der Mutter abends noch per Mail bei ihr, dass sie Mia nicht an den Vater übergeben soll.

Immer, wenn Mia in die Nähe des Bahnhofs kommt, fühlt sie sich sichtlich unwohl, ist hellwach, meint immer wieder „weiterfahren". Hat sie Angst, dass der Papa kommt?.

Mia ist jetzt seit drei Wochen bei ihrer Mutter, es gibt weiterhin keine Anfragen vom Vater, Mia zu besuchen.

Dann kommt die Ladung zum Amtsgerichtstermin in W. für nächsten Montag. Die Mutter soll Mia und eine Begleitperson mitbringen.
Es kommt eine SMS-Anfrage vom Vater, ob er Lena von morgen, Donnerstag vormittags bis Sonntag nachmittags haben kann. Die Mutter lehnt ab, bietet Besuch an.

Mia ist jetzt meistens ohne Windel. Sie geht erfolgreich aufs Töpfchen.
Fast jedes Wochenende spielen und übernachten die drei Enkel bei den Großeltern.

In der Sechzehnten Woche nach der Trennung ist der Gerichtstermin.
Mutter mit Mia und Großmutter treffen ihre Anwältin vorm Amtsgericht in W.. Der Vater mit Steffi, seine Mutter und sein Anwalt sind bereits da.
Die Verhandlung dauert anderthalb Stunden. Die Anwältin der Mutter legt direkt ihre Stellungnahme vor, die ist also erst ab jetzt Teil der Akten.
Der Verfahrensbeistand ist nicht zum Termin anwesend.
Das Gericht weist ein Wechselmodell an, wöchentlich ab nächsten Sonntag 11 Uhr, mindestens bis zum geplanten Jugendamt-Termin in fünf Wochen. Mutter und Großmutter sind zwar nicht

begeistert, aber doch erleichtert, dass das Kind nicht ganz zum Vater kommt.

Das Jugendamt soll in dann nachfolgenden Terminen eine Einigung zwischen den beiden Elternteilen moderieren. Einerseits mit einem Psychologen die Einigungsbereitschaft trainieren, andererseits ein Gespräch über das Wohl des Kindes moderieren.

Der Vater und sein Anwalt sind sofort nach der Verhandlung verschwunden, auch Steffi weiß nicht, wo sie sind. Der Vater verabschiedet sich also nicht von seinem Kind.

Dem Gerichtsprotokoll, das nach ein paar Tagen eintrifft ist ein unmöglicher Brief von Mias Verfahrensbeistand beigelegt. Es wird nur Bezug auf die Aktenlage genommen, die zum Zeitpunkt der Stellungnahme, Tag der Gerichtsverhandlung, nur die Sicht des Vaters darstellte.

Im folgenden *kursiv* Zitate aus der Stellungnahme des Verfahrensbeistands mit einem Kommentar der Großmutter.

Mia ist erst 2 Jahre alt, insoweit erkläre ich mich zunächst nach Lage der Akten:

Es wird anscheinend vorausgesetzt, dass eine Befragung des Kindes in dem Alter nicht möglich ist, trotzdem könnten doch wohl beide Seiten angehört werden.

Unstreutig zwischen den Parteien ist, dass Mia mit der Mutter nach Auszug des Kindesvaters mit Mia (dessen Zeitpunkt lediglich zwischen Ende Audust und differiert) Umgangskontakt hatte.

Die Klammer ist unklar, soll sie die falsche Datumsangabe des Kindesvaters beschreiben?
Der Begriff „Umgangskontakt" ist in dem Zusammenhang ungenau bis falsch, insofern ist es nicht unstreitig.
Der Vater hat Mias Aufenthalt (wann und wo) rechtswidrig einseitig zu bestimmen versucht mit dem Argument „ich bin der Vater, ich entscheide".
Die Mutter hat ihrerseits auf das gemeinsame Recht der Aufenthaltsbestimmung hingewiesen und es eingefordert.
Der Kindesvater legt dar, dass der Umgangskontakt berufsbedingt unregelmäßig war, die Kindesmutter trägt vor, dass Umgangskontakt nach Gutdünken des Kindesvaters gewährt wurde. Unstreitig ist lediglich, dass Umgangskontakt stattfand und ...
Der Begriff Umgang bleibt missdeutlich, es geht um Aufenthalt jeweils bei der Mutter oder dem Vater.
...und der Urlaubsumgang zwischen den jeweiligen Prozeßbevollmächtigten kommuniziert und vorbereitet wurde.
Der Vater hat im Vorfeld offen gelassen, ob er Mias Pass suchen oder finden würde und zunächst die Ausstellung eines neuen Ausweises abgelehnt. Eine Übergabeuhrzeit hat er auch nicht mitgeteilt.
Zu diesem Zeitpunkt wurde kein Antrag auf Aufenthaltsbestimmungsregelung gestellt. Unabhängig von der Planung des Urlaubsumganges wäre die Kindesmutter in deer Lage gewesen, den Aufenthalt – sollte dieser zum damaligen Zeitpunkt streitig gewesen sein – regeln lassen zu nkönnen. Dies hat sie nicht getan. Insoweit geht die

Unterzeichnende davon aus, dass nicht das Aufenthaltsbestimmungsrecht sondern sowohl der regelmäßige Umgang als auch der Urlaubsumgang mit Mia für sie Regelungsbedarf hatte.

Diese Darstellung ist falsch.

Die Mutter war selbstverständlich davon ausgegangen, dass die Aufenthaltsbestimmung einvernehmlich erfolgt, die Betreuung wie vor der Trennung erfolgt. Deshalb wurde zunächst eine gerichtliche Regelung nicht als notwendig angesehen.

Wäre ihr der Aufenthalt von Mia primär wichtig gewesen, hätte sie bereits beim Auszug, spätestens bei Antragstellung Urlaubsantrag einen Aufenthaltsgenehmigungsantrag gestellt.

Diese Behauptung geht von einer falschen Sicht aus.

Da die Mutter die gemeinsame Aufenthaltsbestimmung als selbstverständlich angenommen und nicht in Frage gestellt hat, gab es für sie gar keine Notwendigkeit einen Antrag auf Urlaubsumgang zu stellen, sie musste nur eine einvernehmliche Absprache mit dem Vater treffen, da beide gemeinsames Aufenthaltsbestimmungsrecht haben.

Mia wurde von dem Kindesvater überwiegend seit der Geburt betreuend versorgt.

Diese Darstellung ist falsch. Es ist für Beteiligte unerklärlich, wie der Anwält zu diesen „Erkenntnissen" gekommen ist.

Die Mutter hat ein Jahr Elternzeit genommen und fast ausschließlich Mia betreut und versorgt. Die Betreuung durch die Großeltern nahm im zweiten Lebensjahr zu, als auch die Mutter wieder gearbeitet hat, die sich immer vorrangig um Mia gekümmert hat.

Zumindest hat Mia den Kindesvater als konstante Bindungsperson seit der Trennung erlebt.

Diese Darstellung ist falsch, da Mia nach der Trennung in den ersten 6 Wochen die Hälfte der Zeit in B. bei ihrer Mutter und ihren Großeltern war.

Mia hat die Trennung offensichtlich ohne erkennbare Kindeswohlgefährdung oder Beeinträchtigung erfahren, zumindest wurde diesbezüglich nichts vorgetragen.

Wenn das nicht vorgetragen wurde, dann wegen des anwaltlichen Rats an die Mutter, nichts Schlechtes über den Vater zu berichten.

Nach wie vor schreit Mia und wehrt sich, wenn sie zum Vater soll und klammert an Mutter oder Großmutter, während sie umgekehrt freudig jubelnd zu ihrer Mutter läuft.

Für Mia konnten Umgangskontakte zur Mutter genauso wie ein Urlaubsumgangskontakt erlebt werden.

Mia ist die Hälfte der Zeit in B. von der Mutter oder den Großeltern betreut worden. Diese Zeiten waren eindeutig Aufenthalte, nicht nur Umgang, die Reduktion auf Umgang wird nach wie vor von der Mutter zurückgewiesen.

Der Umgangskontakt wurde offensichtlich dem Grunde nach unproblematisch vom Vater gestattet. Insofern lässt dies Bindungstoleranz bei dem Kindesvater erkennen.

Nie zuvor, nicht vor und auch nicht nach der Trennung, war Mia länger als jeweils wenige Tage bei ihrem Vater.

Von Umgangskontakte zwischen Vater und Mia nach der Rückkehr aus dem Urlaub ist nichts vorgetragen, insoweit wird unterstellt, dass seither kein Kontakt besteht.

Diese Unterstellung ist falsch.

Die Mutter hat wiederholt Vorschläge für ein Treffen zwischen Mia und dem Vater gemacht, der Vater hat weder diese Vorschläge aufgegriffen oder beantwortet noch Gegenforderungen gestellt. Da könnte genauso unterstellt werden, dass er an einem Zusammentreffen mit Mia nicht interessiert war.

Mia wurde augenscheinlich vom Kindesvater kommuniziert, dass es sich um einen vorübergehenden Urlaub der Mutter handelt.

Wie und warum wurde ihr das kommuniziert? Sie fühlt sich ganz offensichtlich dauerhaft pudelwohl in der für sie normalen gewohnten Umgebung in B. mit allen gewohnten Bezugspersonen.

Mia empfindet nun einen Bindungsbruch zum Vater aus eigener Erfahrung.

Diese Annahme ist nicht belegbar. Wie an anderer Stelle bereits aufgeführt, sehnt sich Mia in keiner Weise nach ihrem Vater, auch schon vor der Trennung nicht. Es handelt sich eher um einen Bindungsbruch zur Mutter, wenn Mia beim Vater ist.

Die Kindesmutter hat bislang kein schlüssiges und kindeswohlförderliches Erziehungs- und Betreuungskonzept vorgelegt.

Diese Aussage ist falsch.

Die Kindesmutter hat immer wieder seit der Trennung Vorschläge, auch anwaltlich unterstützt und belegbar, gemacht, wie der Aufenthalt Mias bei Mutter und Vater gestaltet werden kann und hat schlüssig erläutert, warum B. der Lebensmittelpunkt für Mia war und auch nach der Trennung ist, insbesondere durch die dort vorhandenen langfristigen und gewachsenen und gewohnten sozialen Kontakte und die Anwesenheit mehrerer Bezugspersonen, die sich gegenseitig vertreten können.

Der Kindesvater hat bislang seit der Trennung Mia alleine versorgt und betreut.

Diese Aussage ist falsch.

Mia war immer wieder nach einigen Tagen jeweils für einige Tage in B. und wurde also nicht nur nicht alleine, sondern höchstens die halbe Zeit vom Vater versorgt und betreut.

Er ging während der Trennungsphase keiner Tätigkeit nach.

Die Aussage ist falsch.

Der Vater hat die Abgabe von Mia bei den Großeltern so begründet. Die angebliche Aufnahme einer regelmäßigen Tätigkeit war ja außerdem der zentrale Anlass für die gerichtliche Verhandlung.

Nunmehr steht für Mia die Großmutter mütterlicherseits, die mit in der Wohnung lebt für Mia als ständige Betreuungsperson zur Verfügung, falls der Kindesvater weiter arbeitenn sollte.

Die Mutter des Vaters lebt und wohnt mit ihrem Mann in Tschechien und betreut dort auch ihre pflegebedürftige Mutter und ist höchstens zeitweise in Deutschland. Ein dauerhafter durchgängiger Aufenthalt in Deutschland ist nicht glaubwürdig. Sie ist außerdem bisher keine gewohnte Bezugsperson für Mia, weil sie bisher höchstens viermal im Jahr für wenige Tage auf Besuch in Deutschland war, Mia sich also jeweils neu an sie gewöhnen musste.

Es wird dringend empfohlen, Mia vorerst den Aufenthalt beim Vater nehmen zu lassen. Mia hat die Trennung der Eltern vor Monaten bereits erfahren und sich bei ihrem Vater neu strukturiert...

Mia empfindet den Aufenthalt bei ihrer Mutter und den Großeltern als den normalen Zustand, fühlt sich da uneingeschränkt wohl. Hier war keine Neustrukturierung notwendig, sondern das normale Leben lief für Mia weiter.

Der Umgang zur Mutter fand statt. Es stellt für Mia eine erneute Veränderung dar, wenn sie nach dem Urlaub nicht wieder an ihren inzwischen neu gewonnenen Lebensmittelpunkt zurückkehren kann.

Der Begriff Umgang wird zurückgewiesen, bisher gab es nur vollwertigen Aufenthalt bei der Mutter.

Mia hat bisher keinen neuen Lebensmittelpunkt gewonnen, ihr Lebensmittelpunkt ist offensichtlich nach wie vor B.. Der Aufenthalt beim Vater stellt für sie jeweils ein Verlassen ihres Lebensmittelpunktes dar, eine jeweilige Veränderung, die sie nicht wünscht oder braucht.

Mia sollte unverzüglich zum Vater zurück kehren dürfen und einstweilen das Aufenthaltsbestimmungsrecht übertragen werden, da Mia dies vielleicht noch als „verlängerten Urlaub" empfinden und kommuniziert werden könnte. Dort ist eine konstante Betreuung in gewohnter Umgebung gewährleistet.

Die Formulierung ist sprachlich fehlerhaft und schwer verständlich. Das Aufenthaltsbestimmungsrecht soll ja wohl nicht Mia übertragen werden, „dies" meint wohl den Aufenthalt bei der Mutter nach dem Urlaub.

Sodann sollte in einem Hauptsacheverfahren – ggf. unter Sachverständigenbeteiligung - geklärt werden, wo Mia ihren ständigen Aufenthalt nehmen wird.

Gegen eine Sachverständigenbeteiligung ist nichts einzuwenden, wenn der Sachverständige nicht einseitig und voreingenommen die Sicht des Vaters vertritt, sondern das Wohl des Kindes und alle Gegebenheiten vor und nach der Trennung und den sichtbaren Wunsch des Kindes bezüglich seiner Bezugspersonen wahr nimmt und ausreichend berücksichtigt.

Gesetze und Grundsatzurteile interessieren offenbar keinen der Beteiligten.

Mia war die ersten Tage nach der Trennung mehr(!!) beim Vater? Ja klar, wenn der mit ihr auf und davon ist und Aufenthalt und Treffen mit der Mutter verweigert.

Das war zwar Unrecht, aber da nicht sofort durch die Mutter gerichtliche Klärung beantragt wurde, ist aus Unrecht durch vollzogene und hingenommene (!) Tatsachen Recht geworden.

Das lässt sich nicht heilen, obwohl alle beteiligten Stellen dringend einvernehmlich Einigung empfohlen haben, damit also die Mutter zur Untätig-keit überredet haben und damit die Situation herbeigeführt haben, die sie jetzt als Begründung für ihr Verhalten benutzen. Ein Teufelskreis – die Mutter hat immer Unrecht, denn wäre sie mit dem Kind ausgezogen, wäre gegenteilig argumentiert worden und ihr dieses Verhalten massiv negativ ausgelegt worden.

Vorrangiger Betreuer ist immer derjenige, bei dem das Kind überwiegend sich aufgehalten hat. Schon eine Stunde oder weniger können das „überwiegend" begründen, es ist durch späteren längeren Aufenthalt des Kindes bei der Mutter anscheinend nicht heilbar. Die ersten Stunden sind entscheidend, nicht eine Woche, ein Monat ein halbes Jahr.

Das aber verstößt gegen ein Grundsatzurteil, nach dem über die gewohnte Umgebung des Kindes erst ein halbes Jahr nach der Trennung befunden werden darf.

Es würde ja sonst bedeuten, dass grundsätzlich der Elternteil das Aufenthaltsbestimmungsrecht bekommt, der das Kind „entführt". Das widerspricht jedem Rechtsempfinden und würde Verhandlungen vorm Familiengericht unnötig machen.

Wechselmodell

Am auf den Gerichtstermin folgenden Sonntag um 11 Uhr holt der Vater das erste Mal Mia bei der Mutter ab. Das Wechselmodell beginnt. Mia war jetzt fünf Wochen durchgehend bei ihrer Mutter.

Mit dem Wechselmodell erfolgt nun ein exakt wöchentlicher Wechsel zwischen Mutter und Vater, daraus ergibt sich in etwa eine zeitliche Aufteilung von Aufenthalt und Betreuung von einem Sechstel bei den Großeltern, einem Drittel bei der Mutter, und zur Hälfte beim Vater.

Aufenthalt und Betreuung nehmen also gegenüber vorher beim Vater stark zu, bei den Großeltern stark ab.

Nach vier Wochen findet der vor drei Monaten vereinbarte Termin der Eltern mit den Jugendämtern statt. Außer den Eltern nehmen die Mitarbeiterin des Jugendamtes in B. und der Mitarbeiter des Jugendamtes in W. daran teil.

Der Vater behauptet, er hätte sich schon lange vor der Trennung mit seinen Schwiegereltern überworfen, weil die nur zur Mutter gehalten hätten.

Das kann schon deshalb nicht stimmen, weil im wesentlichen er bis zur Trennung Mia sehr oft zu den Großeltern gebracht hat und nach der Trennung weiter in gleich großem Umfang.

Der Vater behauptet, er könne nicht auf Mia verzichten, sehne sich nach ihr, und habe eine enge Beziehung aufgebaut. Das Erziehungsjahr der Mutter, ebenfalls Aufbau einer engen Beziehung zu

Mia, wertet er ab, denn er sei als Selbstständiger viel daheim gewesen und die Mutter habe hinzu verdient. Er verschweigt, dass er Mia in der Zeit sehr oft bei den Großeltern abgeliefert hat, wesentlich häufiger als die Mutter.

Trotz Gerichtsfeststellung, dass erst volle 6 Monate nach der Trennung rückblickend über den Wohnort des Kindes zu entscheiden ist, also bis dahin trotz Verhandlung in W. eigentlich B. nach wie vor der Wohnsitz von Mia ist, beharrt die Jugendamtmitarbeiterin aus B. darauf, nicht zuständig zu sein, weil der erste Eilantrag vom Amtsgericht in B. als nichtzuständig abgewiesen wurde wegen der (rechtswidrig) durch den Vater erfolgten Ummeldung von Mia von B. nach W.

Sie lehnt den Vorschlag der Mutter ab, die Eltern-Paar-Therapie beim Psychologen in W., die auf heute folgenden Termine „Wohl des Kindes" in heutiger Zusammensetzung in B. zu machen. Diese Mitarbeiterin des Jugendamts in B. ist also raus aus dem Verfahren, es gibt nur noch Termine beim Jugendamt in W.

Es ist nicht nachvollziehbar, dass das Jugendamt am Ort der Mutter nicht die Zuständigkeit behalten und versucht hat, das Kind in seine gewohnte Umgebung bei Mutter, Großeltern und weiteren Verwandten zurückzubringen. Immerhin ist das Kind bei einem gewalttätigen, schlagenden, arbeitsscheuen Vater ohne Interesse am Kind, zu dem das Kind nicht will.

Es kommt aus Sicht von Mutter und Großmutter eine niederschmetternde Antwort von der Anwältin der Mutter zu ihrem Kommentar zur Stellungnahme des Verfahrensbeistands:

„das Gerichtsverfahren ist durch den Vergleich beendet. Deshalb ist der in der Tat unsägliche Bericht der Verfahrenspflegschaft unerheblich".

Das bedeutet von der Aussage her ja wohl, dass diese Schrift nie verwendet wird, was sich leider nicht bewahrheitet.

Nach dem Beginn des Wechselmodells ist Mia bei der Mutter und bei den Großeltern meistens ohne Windel, es klappt bestens mit dem Töpfchen.

Im Urlaub mit ihrer Mutter war der Wangenausschlag bei Mia verschwunden. Die Mutter trägt gemäß Rat des Hautarztes keine Salbe auf. Der Vater berichtet über einen Besuch bei einem Hautarzt eigener Wahl, der eine wirksame (?) Salbe verschrieben habe. Damit hat der Vater eine laufende Behandlung unterbrochen.

Vermutlich ist der Ausschlag in seiner Umgebung wieder schlimmer geworden oder er hat dies ohne Notwendigkeit gemacht.

Bei den Übergaben vom Vater an die Mutter begrüßt Mia jubelnd ihre Mutter, umarmt sie herzlich, in den letzten Wochen ergänzt durch ein „ich hab Dich vermisst" und stürmt sofort los, wird allerdings jedes Mal vom Vater zu einem knutschenden Abschied zurückgerufen, den Mia mit wegdrückenden gestreckten Armen absolviert.

Die Übergabe ist manchmal auch völlig emotionslos, Mia redet gar nichts außer einem freundlichen „Mama", „Oma". Erst will sie sich nicht anziehen, dann aber doch. Sie wirkt oft eingeschüchtert.

Mia ruft oft sofort laut „Mama" beim Klingeln. Oft müssen Mutter und Großmutter zunächst vor verschlossener Wohnungstür warten bis Mia fertig angezogen ist.

Dann hüpft sie meistens fröhlich ins Treppenhaus und fällt der Mutter springend und liebkosend um den Hals mit „Mama, Mama, Mama", begrüßt auch die Großmutter ganz lieb und ausgelassen. Dann nimmt sie ihr Rollköfferchen und marschiert direkt die Treppe runter und zur Haustür raus (nur weg??), keine Verabschiedung vom Vater, die lehnt sie oft auch nach Aufforderung ab.

Manchmal gibt es auch keine Begrüßung von Mama und Oma, es scheint ganz normal für sie, dass sie abgeholt wird, und sie will sich offenbar nicht aufhalten lassen. Draußen rennt und hüpft sie fröhlich Richtung Auto.

Mias Hautausschlag im Gesicht ist fast immer nach dem Aufenthalt beim Vater stark und pustelig.

Mia ist besonders am ersten Tag nach dem Aufenthalt beim Vater oft gewalttätig, schlägt mit den Händen und Gegenständen zu. Mutter und Großmutter lehnen das deutlich ab. Wenn sie traurig reagieren, dann „entschuldigt" Mia sich mit liebevoller Umarmung. Warum schlägt sie? Nach zwei Tagen bei der Mutter oder Großmutter ist diese Verhalten verschwunden.

Auf die Bemerkung „das macht in unserer Familie niemand", meint Mia dann „doch Papa", oft ergänzt sie dann noch „und Sonja auch".

Es ist klar, dass sie einfach das Verhalten dieser Bezugspersonen nachahmt. Wenn denen etwas nicht passt, dann schlagen sie zu statt zu erklären. Also macht sie diese einfache Lösung nach, wenn ihr etwas nicht passt. Aber sie lässt es auch sehr schnell wieder sein, wenn es ihr erklärt wird.

Am ersten Tag ist sie oft nicht sauber, ab den zweiten klappt es wieder einwandfrei mit dem Töpfchen.

Mias Wortschatz, ihre Formulierungen, Satzbau und Grammatik sind nach jedem Aufenthalt beim Vater deutlich eingeschränkt, nach ein paar Tagen bei der Mutter stellt sich das vorherige Niveau wieder ein.

Als der Vater Mia am Kopf berührt, schreit sie „nicht kneifen" und dann „nicht schragen", die Mutter und die Großmutter wissen, dass sie „r" für „l" sagt, also klar „nicht schlagen" meint. Der Vater übersetzt eilfertig (falsch) „Mama tragen".

Mia hat nach den Aufenthalten bei der Mutter keinen Ausschlag auf der Wange

Die Übergabe an den Vater gestaltet sich immer abwehrend, häufig dramatisch ablehnend. Nach einigen Wochen Wechselmodell hat der Vater eine neue Begleiterin, Sonja, auch eine alte Bekannte der Mutter.

- Manchmal schlägt Mia nach einem kurzen Blick aus der Tür die Haustür vor dem Vater wieder zu.

- Mia fällt der Mutter und der Großmutter um den Hals und weint bitterlich „nein, nein, nein". Der Vater steht unnahbar, ungerührt und starr da, bückt sich nicht zu Mia, spricht sie nicht an.

- Mit dem Versprechen „bei Papa ist es bestimmt sehr schön, ihr werdet viel Spaß haben" beruhigt die Mutter Mia und zieht sie an. Schließlich stürmt Mia am Vater vorbei zur jeweiligen Begleitperson (oft wechselnd) auf die Straße und tollt mit derjenigen.

- Der Vater herrscht Mia nur an, oft auf tschechisch.

- Hin und wieder murmelt Mia vor der Übergabe nur ständig „nicht Papa", ist aber dann gefasst und brav bei der Übergabe.

- Auf den Hinweis der Mutter, Mia müsse zum Vater, weil sie auch mal arbeiten und Geld verdienen muss, meint Mia „Papa arbeiten, bei Mama bleiben".

- Statt sich mit Mia zu beschäftigen und sie zu übernehmen, befasst sich der Vater lieber mit der Katze, seiner Begleiterin Sonja oder aus dem Fenster schauen, nach Dingen suchen. Er macht keinen Versuch, sich zu Mia zu bücken oder sie auf den Arm zu nehmen. Eine angebliche Sehnsucht nach dem Kind ist nicht erkennbar.

- Bei einer typischen Abholung durch den Vater schreit und weint Mia herzzerreißend, klammert an Mutter oder Großmutter, schreit „nicht Papa, Mama nicht arbeiten, Papa schlagen, Oma fahren", die Großmutter muss sie fast mit Gewalt dem Vater auf den Arm geben, der mit dem schreienden Bündel dann zum Auto geht.

- Immer wieder ist bei der Abholung zu beobachten, dass sich Vater und Kind unglaublich fern sind, es gibt keine Kommunikation, der Vater steht gleichgültig herum, Mia hält Abstand, es gibt von beiden Seiten keinen Versuch eines Kontaktes.

- Beim üblichen Wehren, Weinen, Weigern „trösten" der Vater und seine Begleiterin Sonja Mia mit „Du kommst ja nur kurz mit, in zwei Tagen bist Du wieder hier"!!! Wie kann jemand so versuchen, sein Kind zum Mitkommen zu begeistern?

- Manchmal ist Mia sehr ruhig und „vernünftig", macht keine Szenen, kein Geschrei. Der Vater glänzt oft durch Lieblosigkeit, mit Händen in den Hosentaschen und auch mit Sonnenbrille in der Wohnung.
Er tröstet Mia nicht, als sie auf der Straße stürzt.

- Als einmal eine gemeinsame Bekannte mit Tochter als „Zeugen" anwesend sind, gibt es den normalen Kampf „nicht zu Papa", Vater und Sonja sind bewegungslose Säulen. Die Bekannte und ihre Tochter sagen danach, dass sie die Mutter furchtbar und böse finden. Bei anderer Gelegenheit bezeichnet diese Bekannte Mias Verhalten als sehr tapfer.

- einmal ist Mia sehr gedrückt, aber scheinbar sehr gefasst, will dann nicht mit, „Angst vor Papa", redet leise mit der Großmutter darüber, ihm zur Abwehr weh zu tun „Ohr abzwicken mit Zange"…

- Manchmal stehen sich Mia und ihr Vater in zwei Metern Abstand starr gegenüber. Der Kontakt gelingt ihnen nicht. Mia klammert sich dann so sehr an die Mutter, schreit und weint und alles Positive, was

Mutter und Großmutter über den Papa sagen, verneint sie heftig. Die Mutter will sie dem Vater auf Arm geben, aber sie reißt sich los und läuft und springt weinend auf den Arm der Großmutter. Nach 20 min Anwesenheit des Vaters ist Mias ganze Wange mit kleinen roten Flecken übersät. Das ist genau der Stressausschlag, den die Hautärztin vermutet hat.

Schlimm ist dabei auch die Auslegung des Verfahrensbeistands:

von dem Vater geht sie so ordentlich mit, weil er sie im Griff hat und die Mutter immer positiv darstellt, bei der Mutter gibt es Theater, weil die sie nicht im Griff hat und den Vater schlecht macht.

Tja, so kann man es auch darstellen, man kann alles zugunsten des Vater interpretieren.

- Kurz vor dem zweiten Gerichtstermin wirkt Mia bei der Abholung von der Mutter gedrückt, eingeschüchtert, psychisch belastet, hat ein ernstes und trauriges Gesicht.

- Mia wird immer schonend aber ehrlich darauf vorbereitet, dass sie am nächsten oder gleichen Tag der Papa abholt, sie will aber nicht zu ihm, sie kündigt manchmal an, dass sie beim Abholen weinen wird.

Mit dem Jugendamt werden weitere Termine vereinbart, einmal mit dem Jugendamtmitarbeiter mit Konzentration auf Lebens- und Umgebungs- bedingungen des Kindes bei den Elternteilen und im Wechselmodell. Bereits der zweite vereinbarte Termin wird vom Vater abgesagt.

Während beim ersten Termin auch die Jugend-amtmitarbeiterin anwesend war, die dem Vater einseitig beistand, wird ab dem zweiten Termin das Gespräch nur mit dem Jugendamtmitarbeiter erfolgt, der dem Vater sehr kritisch gegenüberstand.

Weiter werden Termine mit einem Psychologen beim Jugendamt vereinbart mit Konzentration auf das Training der Elternteile für einvernehmliche Regelungen und Absprachen.

Der Vater ist dabei sehr ungehalten, zornig, verwickelt sich in Widersprüche, stellt sich in den Mittelpunkt „das Wohl des Kindes ist gegeben, wenn es bei mir ist und ich dann entscheide".

Beim nächsten Termin der Eltern zur Paartherapie beim Jugendamt-Psychologen ist der Vater frech und schnippisch, er wirft der Mutter vor, sie sei schon mal eingenickt, wenn sie Mia betreuen sollte, daraufhin erwähnt die Mutter seine Erziehung mit Schlägen. Er verteidigt das, der Psychologe ist entsetzt „das geht gar nicht".

Der Vater schlägt vor, dass er daheim bleibt, die Mutter arbeitet und Geld verdient und ihn und Mia versorgt. Der Psychologe verweist auf die Gesetzesänderung vor 3 Jahren, er müsse für sich selbst sorgen. Er meint, er wolle ja selbst kein Geld, nur Unterhalt für Mia, alles soll auf ihn umgemeldet werden, er bekommt das Kindergeld und die Mutter Mia alle zwei Wochen für 2 Tage. Die Mutter sei arbeitsfaul, von wegen eigene Firma, bei dem seinem Vorschlag sei sie wenigstens gezwungen, arbeiten zu gehen.

Zum nächsten Psychologen-Termin beim Jugendamt W. kommt der Vater nicht.

Beim folgenden Jugendamt-Psychologen-Termin erscheint der Vater wieder. Der Psychologe erklärt die Gespräche für beendet, weil der Vater eine gerichtliche Entscheidung anstrebt. Der Psychologe meint, dass er dem Gericht sowieso und nur auf Anfrage ganz neutral mitteilen wird, das die Bemühungen um Einigung abgebrochen wurden. Das unterstellt nach Meinung der darüber enttäuschten Mutter, dass beide den gleichen Anteil am Abbruch hätten, dabei war nur der Vater nicht an einer Einigung interessiert.

Mutter und Großmutter fahren zum Einwohnermeldeamt W., der Vorgang der Anmeldung von Mia in B. hat sich kein bisschen bewegt, Die Mutter unterschreibt vor Ort einen Antrag, der mit der Post nicht bei ihr ankam. Möglicherweise wurde er an die Adresse des Vaters geschickt, was das Amt abstreitet.

Bei fast jedem Aufenthalt in B. spielt Mia mindestens einen Tag mit ihren Cousins. Manchmal übernachten auch alle drei bei den Großeltern.

Mia ruft täglich mehrmals die Großmutter an, wenn sie bei der Mutter ist, es sind aber kurze „Gespräche". Sie berichtet, was sie gerade macht. Wenn sie beim Vater ist, gibt es keine Kontakte zu den Großeltern.

In der zehnten Woche Wechselmodell ruft der Vater bei der Mutter an, er hätte eine Zusage für einen Kita-Platz in W., braucht dafür die Unterschrift der Mutter. Die stimmt nicht zu, denn das vertrage sich nicht mit dem Wechselmodell, dazu müssen beide Wohnorte betrachtet werden und B. sei durch den Hintergrund besser geeignet.

In der gleichen Woche beschuldigt der Anwalt des Vaters die Mutter, sie mache ihn bei Auftraggebern schlecht, dadurch fände er keine Arbeit, eine Unterlassungsklage wird angedroht.

Weiter teilt der Anwalt mit, dass die Jugendamt-Gespräche zu nichts führen, weil die Mutter die Angebote des Vaters ablehne, eine Klage ums Aufenthaltsrecht wird angekündigt.

Am gleichen Tag kommt eine Mail vom Vater an die Mutter:

sie solle doch zum Wohl des Kindes dem Kita in W. zustimmen.

Als einmal die Dose mit der Gesichtssalbe bei der Mutter vergessen wurde, meint der Vater beim nächsten Mal „ich habe halt irgendeine andere Salbe genommen, besser als keine". Die Mutter widerspricht heftig, denn die Hautärztin hat ausdrücklich gesagt „keine Salbe ist am besten". Und das zeigt sich auch, denn nach einer Woche ohne Eincremen bei ihr ist Mias Wange einwandfrei, keine Rötung, keine Pickel.

Mia vergisst einmal ihr Kuscheltier bei der Mutter (vielleicht auch ein Indiz, dass sie den Besuch beim Vater als kurz wünscht), die Mutter schickt eine

SMS, Sonja holt nachmittags das Kuscheltier, diskutiert eine Stunde mit der Mutter über Einigung "Kita in W.".

Sonja meint, wenn Mia so oft von der Oma redet, sei das der Beweis, dass sie meistens nicht bei der Mutter, sondern bei der Oma sei. Die Mutter erwidert: „wenn sie nie vom Vater redet ist es also ein Beweis, dass sie nie beim Vater ist?".

Sonja gibt zu, dass aufs Töpfchen gehen bei denen nicht klappt, Mia mache immer ein. Ist das auch durch den Stress beim Vater, den die Hautärztin vermutet hat?

Das Bildungsniveau und die Einbindung in eine große Familie und damit die Förderung des Kindes auf der Seite der Mutter, die Gefahr der Verarmung und damit der Kinderarmut, die vorhandenen Kontakte zu Drogenkonsumenten auf der Seite des Vaters werden nicht gewertet.

Zweites Gerichtsverfahren

Der Vater stellt einen neuen Antrag auf Verhandlung über sein alleiniges Aufenthaltsbestimmungsrecht.

Bei einer Abholung reicht der Vater Mia durchs Badfenster, den Koffer hinterher. Der Vater macht die Bemerkung „im Koffer ist Firmenpost". Durch diese Aktion hat die Mutter keine Chance, die Annahme zu verweigern. Mia marschiert sofort fröhlich mit ihrem Koffer zu Omas Auto.
Der Mutter stellt fest, dass die Briefe nicht geöffnet sind, obwohl an die Geschäftsführung (also den Vater) gerichtet, teilweise über Nachsendeantrag an seine neue Adresse nachgeschickt wurden, und es alles Rechnungen und Mahnungen aus den Monaten direkt nach der Trennung sind, für die schon in mehreren Fällen der Gerichtsvollzieher vor der Tür der Mutter stand. Eine unverschämte Aktion, damals wie heute.

Die Anwältin der Mutter schickt ihre Stellungnahme zur Gerichtsanrufung des Vaters. Mutter und Großmutter sind mit der Formulierung sehr zufrieden.

Bei einer Abholung Mias bei der Mutter teilt der Vater in einem Nebensatz der Mutter mit, dass es morgen in drei Wochen um 15:30 einen Termin beim DKSB (!!!) gibt. Er lässt sich alles aus der Nase ziehen: Namen, Anlass, wer hat veranlasst, bei einer Frau P., eine Anschrift weiß er angeblich nicht, da solle sie sich durchfragen. Der Jugendamt Mitarbeiter aus W. sei dabei. Die Mutter ist verwundert, dass sie nicht in die Terminplanung einbezogen und nicht direkt eingeladen wurde. Sie erinnert den Vater an die Überlassung von Mia für zwei Tage in 14 Tagen wegen des durch ihn verursachten Termins beim Verfahrensbeistand.

Er sagt halbherzig weiter zu, mit Mia aus dem Urlaub in Tschechien jeden zweiten Tag anzurufen („wenn ich es nicht vergesse und wenn mir danach ist")

Nach zwei Tagen im Urlaub ruft der Vater mit Mia aus Tschechien an. Mia weint bitterlich im Hintergrund und auch am Hörer (spricht zweimal mit ihrer Mutter) „ich will wieder zu Mama". Die tröstet sie damit, dass es doch bestimmt schön ist bei den anderen Großeltern und sie dort vieles machen kann. Sie ist traurig. Im Grunde hat Mia niemanden, der sich wirklich um sie kümmert. Sie erinnert sich, dass die vielen tollen Dinge, die Mia in Tschechien damals draußen gemacht hat, sie alle mit ihr gemacht hat. Weder die Eltern des Vater noch er selbst haben sich um die Kleine gekümmert. Und diesmal will der Vater in erster Linie mit Sonja Urlaub machen, es ist Regenwetter und in der vollgestopften Wohnung kann sich dort kein Kind wohlfühlen.

Die Mutter muss in der Woche der angekündigten Mediation beim DKSB arbeiten. Bisher hat sie beim DKSB und beim Jugendamt niemanden erreicht.

Die Anwältin der Mutter rät dringend von der Mediation beim Kinderschutzverein(?) ab, jetzt im laufenden Verfahren sollte die Mutter nur mit dem Verfahrensbeistand sprechen, mit niemandem sonst, schon gar kein gemeinsames Gespräch!!

Am Ende der Woche ruft der Vater mit Mia wieder bei der Mutter an. Wieder weint Mia am Telefon und im Hintergrund „jetzt wieder zu Mama". Die empfindet Mias Sprache als wieder rückfällig schlecht. Der Vater kündigt an, dass sie morgen wieder zurückfahren, es würde also keine Anrufe mehr geben.

Am Mittwoch ruft der Vater die Mutter an, sie besprechen miteinander den Aufenthalt von Mia für die nächsten drei Wochen. Inhaltlich macht es den Eindruck, dass er keineswegs Arbeit hat, denn er kann den Aufenthaltswechsel beliebig einteilen.

Nach etlichen Tagen erreicht die Mutter endlich Frau P. und den Mitarbeiter vom Jugendamt.

Frau P. ist nicht vom DKSB, sondern vom Kinderschutzzentrum in W. Frau P. ist zuerst sehr zickig, beleidigt, weil die Mutter sie nach bestem Wissen als DKSB angesprochen hat, dann aber doch sehr überrascht, dass der Vater offenbar falsch kommuniziert und Tatsachen unterschlagen hat. Frau P. war überzeugt, dass die Mutter von ihren „vielen" Gesprächen mit dem Vater wusste, was nicht der Fall ist, und nur nicht teilnehmen wollte. Sie ist überrascht, dass die Mutter auch den Verfahrensbeistand nicht kennt. Die Mutter besteht darauf, dass sie beide vor einem großen runden Tisch bilateral kennenlernen kann. Außerdem habe ihre Anwältin ihr abgeraten, in dem laufenden Verfahren parallel zum Gericht eine außergerichtliche Einigung zu versuchen. Sie zeigt ihr auf, dass die Vater schon viermal Gespräche abgebrochen oder abgelehnt hat. Frau P. ist dann bereit, sich am Montag früh mit ihr zu treffen.

Der Jugendamt-Mitarbeiter klärt auf, dass nicht er, wie der Vater behauptet, zu dem runden Tisch eingeladen hat, sondern Frau P. in Absprache mit dem Vater. Er hatte Bedenken, die sich jetzt wegen den „fremden" beiden Teilnehmerinnen verstärken, und er hatte Bedenken wegen des laufenden Verfahrens, ist richtig froh, dass er der gleichen Meinung wie die Anwältin der Mutter ist. „Langsam verstehe ich Ihre Aussage, dass der Vater so lange neue Gesprächspartner sucht, bis er jemanden gefunden hat, der ausschließlich seine Sicht vertritt". Er will Frau P. bitten, den runden Tisch abzusagen und zunächst das Gerichtsverfahren abzuwarten. Danach könne man das ja immer noch machen, falls das Gericht weiter einvernehmliche Einigung verlangt und keine Entscheidung anstatt trifft. Mutter und Großmutter sind sehr erleichtert. Leider will sich Frau P. am Montag nur eine halbe Stunde Zeit nehmen für die Mutter und Mia, missachtet damit schon das Wohl des Kindes.

Die Mutter geht mit Mia zu dem Gespräch mit Frau P. im Kinderschutzzentrum in W. Die Mutter ist enttäuscht, Frau P. ist offensichtlich nicht neutral, glaubt dem Vater mehr als ihr, sieht Mia beim Vater besser aufgehoben.

Der Vater wollte eine Therapie für sich und Mia. Wenigstens für Mia sieht Frau P. keinen Grund „so aufgeweckt und fröhlich". Aber sie sieht eine Therapie für den Vater als sinnvoll an, sieht das aber nicht als Grund, Mia zunächst nur bei der Mutter zu lassen!

Alles spricht anscheinend für den Vater beim Aufenthaltsbestimmungsrecht.

Der Vater hat die Übergaben genau anders geschildert, es gäbe immer Krach beim Abholen bei der streitsüchtigen Mutter, die Kleine würde darunter und unterm Wechselmodell leiden, sollte also zu ihm??!!

Alle Unterschiede (auch Erziehungsstile) sieht Frau P. als Grund für „nur zum Vater"!

Die Stresspickel lägen nicht am Vater, sondern am Wechsel an sich. Warum es dann keine Stresspickel gibt, wenn Mia bei der Mutter ist, versucht sie gar nicht erst zu erklären.

Immer wenn das Thema zum Nachteil für den Vater scheint, bricht Frau P. das Gespräch ab.

Nach dem Gespräch mit dem Verfahrensbeistand bemängelt die Mutter, dass der nur beim Vater auch Mia befragt hat, aber nicht bei ihr, so kann sie doch nicht neutral urteilen.

Mia habe im Beisein des Vater gesagt, sie findet es nicht schön, wenn Mama in der Wohnung raucht!! Das tut die ja auch gar nicht im Gegensatz zum Vater. Mia hat nicht gesagt, dass die Mutter es tut, sondern nur, dass sie es nicht schön fände, es ihr also auch beim Vater nicht gefällt. Unglaublich wie der Vater versucht die Tatsachen zu verdrehen.

Die Mutter wird gefragt, wie sie mit der Lebenspartnerin des Vater zurecht kommt. Sie stellt „Lebenspartnerin" in Frage und meint, gut für das Kind wenn er glücklich ist, ihr sei es egal. Sie kenne die schon länger als der Vater.

Der Verfahrensbeistand sagt, seine Stellungnahme damals sei formal gewesen, spiele jetzt im Hauptverfahren keine Rolle mehr.

Er stellt (offensichtlich auf Grundlage von Behauptungen) Fragen, bricht Antworten der Mutter aber ab, wenn die darauf eingeht und Positives aus dem Leben von Mia bei ihr erzählen will. Es scheint ihn alles nicht zu interessieren, offenbar steht sein Urteil schon fest.

Auf die Aussage der Mutter, dass es einen zugesagten Kindergartenplatz in B. gibt, meint der Verfahrensbeistand süffisant „sind Sie sich da sicher?".

Mutter und Mia gehen daraufhin zum Kindergarten in B. Die Anmeldung von Mia ist dort nicht aufzufinden, aber der Name bekannt. Die Leiterin des Kindergartens fertigt der Mutter eine Platzzusage für eine Ganztagsbetreuung in drei Monaten aus.

In der neunundzwanzigsten Woche Wechselmodell ruft die Anwältin der Mutter an, sie hat nach Rücksprache mit dem Richter die Verhandlung um zwei Monate verschoben.

In der dreiunddreißigsten Woche Wechselmodell kommt vom Gericht die Nachricht über einen Antrag auf Eilentscheidung auf Zulässigkeit einer Kindergartenanmeldung durch den Vater (Ersatz der Unterschrift der Mutter).
Es wird behauptet, dass sonst der Kindergartenplatz in W. aufs Spiel gesetzt wird. Der in B. vorhandene Kindergartenplatz wird nicht erwähnt.

Begleitet von Sonja spricht der Vater die Mutter darauf an, dass ja nun Mia in den Kindergarten bei ihm gehen wird und sie gern zum Eingruppierungsfest kommen könne. Damit habe er ihr das gesagt.
Dann fordert er, dass sich die Mutter an den anfallenden Kosten beteiligt. Die Mutter stellt richtig, dass er bisher das Kindergeld allein behält, sich nicht an Mias Versicherungen beteiligt und außerdem die Entscheidung noch nicht rechtskräftig ist.

In seiner Stellungnahme zum Eilverfahren fordert die Anwältin der Mutter die Ablösung des Verfahrensbeistands und das Aufenthaltsbestimmungsrecht für die Mutter.

Zu Mias Geburtstag, der in die Aufenthaltswoche bei der Mutter fällt, ist auch der Vater eingeladen.
Mia, ihre Mutter, die Großeltern und etliche gute Freunde der Mutter, deren Kinder zufällig leider alle gerade beim Partner im Urlaub sind, sowie die Cousins und ihre Eltern fahren um 14:30 zu einem

Indoor - Freizeitpark. Um 17 Uhr kommen mit zweieinhalb Stunden Verspätung auch der Vater mit Sonja.

Nachdem der Vater Mia kurz ein Geschenkpäckchen überreicht hat, setzen sich die beiden abseits der Geburtstagsgesellschaft an einen Tisch, kümmern sich nicht weiter um Mia, die mit ihren Cousins und der Mutter und ihren Bekannten herumtobt. Der Vater und Sonja turteln allein umher.

Die bieden gehen bereits um 18:30 wieder.

Dabei versucht der Vater kurz in Vier-Augen-Gesprächen vergeblich, eine Bekannte der Mutter und ihre Schwester gegen die Mutter aufzuhetzen.

Die Vater wollte von der Schwester der Mutters die Zusage, dass die mit ihren Jungen Kontakt zu ihm sucht, gekrönt von dem Satz „wie wirkt es sonst vor Gericht..." !!! Also nicht zum Wohle von Mia, sondern um seinen Eindruck zu verbessern.

Vom Gericht kommt die ausführliche Stellungnahme des Verfahrensbeistands zum Hauptverfahren. Die üblichen unwahren Behauptungen, üble Unterstellungen gegen die Haustiere bei der Mutter als gefährlich für das Kind. Die Haustiere beim Vater bleiben unerwähnt.

Nach einem Widerspruch der Anwältin der Mutter werden vom Anwalt des Vaters alle Vorwürfe der Unwahrheit zurückgewiesen.

Es gibt offensichtlich massive Beeinflussung von Mia durch den Vater. Mia sagt ohne Zusammenhang unter anderem

„bei Mama gibt es nur Süßigkeiten"
„Mia schläft bei Mama in einer Kammer"
„Mama, warum Du keine Regeln hast?"
Solche Sätze, die zudem noch exakt zu den Vorwürfen des Vater passen, sagt kein Kind in dem Alter in dieser Formulierung, insbesondere weil sie auch nicht wahr sind, also nicht aus eigener Anschauung kommen können, und weil teilweise abstrakte Begriffe („Regeln") verwendet werden.

Eine solche Indoktrination, das Schlechtmachen des anderen Elternteils gegenüber dem Kind, ist rechtswidrig.

Mutter und Großmutter fahren mit Mia und einem der Haustiere zum Tierarzt. Die beiden Ärzte amüsieren sich über die Behauptung des Verfahrensbeistands, dass das Tier eine Gefahr für Mia darstellt, und schreiben eine Erklärung dazu.

Die Mutter hat ihren Kennenlerntermin mit Mia im Kindergarten in B. und erfährt dort, dass der Vater vor ein paar Tagen dort angerufen und den zugesagten Platz abgemeldet hat. Er hat behauptet, dass er das alleinige Aufenthaltsbestimmungsrecht hätte. Aber die Leiterin des Kindergartens hat sich nicht darauf eingelassen ohne Zustimmung der Mutter. Der Vater versucht alles, die Notwendigkeit des Eilentscheides für seinen Kindergartenplatz nachträglich zu beweisen.

Es kommt ein Brief vom Anwalt des Vater, er weist alle Richtigstellungen der Mutter zurück, tischt neue Lügen auf, hat vieles nicht verstanden.

Am Tag des Gerichtstermins wegen des Aufenthaltsbestimmungsrechts sind die Großeltern, die Mutter und eine Freundin, die Schwester mit einem Cousin um 12 Uhr vor dem Gerichtsgebäude. Kurz darauf kommt der Vater mit seinen Eltern und Mia. Mia ist sofort jubelnd auf den Arm ihrer Mutter und klammert.
Der Vater und seine Eltern sprechen untereinander und zu Mia nur tschechisch.

Vor der Verhandlung wird Mia kurz befragt vom Richter. Vor und nach ihrer Befragung will Mia nur zur Mutter oder zur Großmutter, lehnt alle anderen, insbesondere den Vater und seine Eltern ab.
Alle können es beobachten, aber die drei Männer auf Seiten des Vater (Verfahrensbeistand, Anwalt, Richter) wollen es nicht sehen, die Anwältin der Mutter hat es genau registriert.
Der Verfahrensbeistand interpretiert Mias Klammern bei der Mutter so, dass sie verängstigt sei wegen der vielen Personen und der Enge. Der Vater möchte mit Unterstützung des Verfahrensbeistands erreichen, dass seine Eltern nach der Befragung von Mia mit ihr heim fahren. Sie können das aber nicht durchsetzen, weil Mia nicht vom Arm ihrer Mutter geht, der Verfahrensbeistand lenkt ein. Als die Mutter Mia dann auf den Boden stellt Richtung Eltern des Vater, damit sie zu diesen Großeltern geht, dreht sie sich um und läuft zur Großmutter mütterlicherseits. Da die andere Seite diese Woche zu bestimmen hat, nimmt die Mia zwar auf den Arm, entscheidet aber

nicht, irgendwohin mit ihr zu gehen. Erst als die Mutter des Vaters aufsteht, um mit Mia ins Spielzimmer zu gehen und Mia aber nur mit der Mutter der Mutter gehen will, geht die auch mit.

Die Mutter des Vaters, die Schwester der Mutter und der Cousin sind dann mit Mia im Nebengebäude im Spielzimmer. Die Großmutter ist mit Mias Zustimmung (sie hatte ja ihren Cousin) schweren Herzens wieder zurück, denn die Betreuung lag diese Woche bei der anderen Familienseite und sie war als Zeuge benannt. Irgendwann verlassen die Eltern des Vaters mit Mia das Gerichtsgebäude, die haben miteinander und mit Mia nur tschechisch gesprochen und sich nicht verabschiedet. Mia wollte erst nicht, hat in die Tischplatte gebissen, hat sich dann verwundert umgeschaut, weil seine Tante und sein Cousin nicht mitkamen. Wahrscheinlich hat sie angenommen, alle gehen zusammen essen oder was auch immer, sie hat sicher nicht geahnt, dass sie „entführt" wird. Ganz offensichtlich wollten der Vater, sein Anhang und die Anwälte vermeiden, dass es später beim Abschied eine öffentliche und heftige Abwehraktion von Mia geben würde. Dieser hinterlistigen Familie ist es mit Hilfe der beiden Anwälte mal wieder gelungen, ihr schlechtes Außenbild zu verstecken.

Nach zwei Stunden dann das vorläufige Ergebnis, dass der Richter noch diese Woche einen vorläufigen Beschluss bekanntgeben will, der wohl das Wechselmodell beendet, die Aufenthalte neu festlegt, wahrscheinlich 11 Tage : 3 Tage zu Gunsten des

Vaters, einen Gutachter beruft. In drei Monaten, nach dessen Gutachten, soll dann neu entschieden werden.

Der Richter behandelt keine der Einzelheiten der Vorwürfe und Entgegnungen („Schlammschlacht"), eine Bewertung der Glaubwürdigkeit von Vater, Mutter und Verfahrensbeistand findet nicht statt.

Da der Richter alle einzelnen gegenseitigen Vorwürfe und Erwiderungen vom Tisch gewischt hat, weil man die Vergangenheit ruhen lassen sollte und in die Zukunft schauen, hat er die Chance vergeben, sich wirklich ein Bild von der Erziehungsfähigkeit der beiden Elternteile zu machen. Zusätzlich kamen weitere Gefährdungspotentiale für das Kind beim Vater nicht zur Sprache, weil der Richter entsprechende Hinweise der Mutter gleich im Ansatz unterdrückt hat.

Der Richter hat sich einen Vergleich der Umgebungen bei der Mutter und beim Vater verbeten oder unterbunden. Es wurde nicht die bessere Situation für das Kind gesucht, sondern jede mögliche Gefährdung beim Vater ohne weitere Erörterung ausgeschlossen.

Die ursprüngliche Begründung für den Antrag des Vater war, dass er ein festes Arbeitsverhältnis habe, er deshalb nicht mehr 14täglich eine ganze Woche Mia betreuen könne und daher den Kindergartenplatz braucht. Vor Gericht sagt er über seine Verhältnisse und Pläne, dass er sich Arbeit suchen würde, sobald Mia bei ihm im Kindergarten sei. Obwohl also in Wahrheit der Grund weggefallen ist, wird das vom

Richter nicht aufgegriffen. Obwohl das Ziel verändert wurde, verläuft die Verhandlung als gelte es das alte Ziel zu ermöglichen.

Der Richter behandelt auch nicht, dass auf Seiten des Vaters von einer neuen Lebenspartnerin gesprochen wird, die aber bisher nicht in der gleichen Wohnung lebt, eine behauptete „Patchwork-Familie" also gar nicht besteht

Der Richter hat es abgelehnt, einen Umgang mit den Großeltern zu regeln. Das ist ein klarer Verstoß gegen §1685 BGB. Zusätzlich passt es nicht zur derzeitigen politischen Diskussion, wonach Großelternzeit eingeführt werden soll.

Das Gericht lehnt den eigenständigen Umgang von Mia mit ihren Großeltern ab, die wichtige Bezugspersonen für sie sind.

Der Richter meint, der Kontakt könne ausreichend während der Umgangstage der Mutter erfolgen, deshalb sei keine eigene Regelung notwendig.

Im Gegensatz zur politischen Diskussion, der rechtlichen Lage und neuen Grundsatzurteilen erfolgen Beschlüsse gegen das Wohl des Kindes, indem der Umgang mit den Großeltern, der offensichtliche Wille des Kindes, die Bildungsferne der väterlichen Seite, die vorprogrammierte Landung in der Armutsfalle, nicht vorhandene Familienkontakte und viele Gefährdungen auf Seiten des Vater nicht betrachtet und die entsprechenden Vorteile auf Seiten der Mutter nicht beachtet werden. Nachteile beim Vater und Vorteile bei der Mutter werden vom Tisch gewischt, man konzentriert sich nur darauf, unter allen Umständen das Kind beim Vater leben zu lassen.

Vom Richter wird eine Gutachterin vorgeschlagen. Die Anwälte und der Richter scheinen ihn zu kennen, lächeln süffisant!

Der Kindergarten in B. sagt der Mutter eine Lösung zu für später, falls der Platz nach dem Gerichtsbescheid jetzt freigegeben werden muss.

Da noch kein Gerichtsbeschluss schriftlich vorliegt, gilt das Wechselmodell zunächst weiter.

Die Übergabe vom Vater an die Mutter erfolgt dann zum üblichen Termin ohne jede Verwunderung problemlos und ohne Diskussionen.

Nach zwei Tagen liegt der Beschluss vor und der Vater holt Mia am nächsten Tag ab. Damit ist vorläufig (bis nach dem Gutachten) beschlossen, dass der Vater das volle Aufenthaltsbestimmungsrecht hat, die Mutter alle 14 Tage 3 Tage Umgang von Donnerstag Nachmittag bis Sonntag Nachmittag bekommt. Also 11 Tage der Vater, 3 Tage die Mutter. Mia ist sichtlich heftig aufgewühlt, angespannt und geistig abwesend. Beim Spielen kommen immer wieder Ideen von ihr, wie sie bei der Mutter bleiben könnte. Sie fragt, warum sie zum Papa muss, wenn sie gar nicht will, und die Mutter sagt ihr ehrlich, dass der Richter das so entschieden hat und sie nichts dagegen tun könne.

Mias Fröhlichkeit erstirbt schlagartig als zur Abholung der Vater klingelt. Mia springt sofort auf den Arm der Mutter, sie klammert und weint.

Schließlich ist sie noch auf den Arm der Großmutter und weint weiter herzzerreißend.

Der Vater rückt erst heute beim Abholen die Adresse und die Uhrzeit wegen Kindergarten am nächsten Tag raus. Die Mutter möchte Mia zum Kindergarten morgen früh zu Fuß begleiten, dem Vater ist das nicht recht.

Wie aus der Pistole geschossen kommt von Mia „Mama kommt mit und Oma auch?" und auf das „Ja" grinst sie von Ohr zu Ohr.

Dann folgt die klare Ansage „Mama Mia anschnallen". Mia sitzt dann ganz still und traurig im Auto und winkt der Großmutter und dann der Mutter ununterbrochen zu.

Das war also das letzte Mal, dass der Vater Mia holen musste, also eigentlich für die Übergabe und das Mitnehmen verantwortlich war, obwohl er immer nur mit den Händen in den Hosentaschen dastand und es der Mutter überließ, Mia zum Mitgehen zu bewegen. Diese Verweigerungsszenen von Mia wird es also so nicht mehr geben. Durch die gerichtliche Umstellung auf Umgang und damit verbunden der Auftrag an die Mutter, sowohl das Holen als auch das Bringen zu übernehmen, hat der Vater den gerichtlichen Segen, untätig dabei zu stehen. Die Mutter wird durch massive gerichtliche Strafandrohung gezwungen, mindestens sanfte Gewalt anzuwenden, um Mia dem Vater zu übergeben
Während bisher das Verstecken und Weigern von Mia dem Vater angelastet werden konnte, ist es jetzt

allein an der Mutter, die Tochter zum ungeliebten Vater zu bringen.

Der Umgang beginnt bereits nach zwei Tagen, also ist diese Woche noch sehr positiv für Mia und die Mutter.

Am nächsten Tag treffen sich Mutter, Großmutter, Mia, Vater und Sonja am Kindergarten Der wirkt unfreundlicher als der Kindergarten in B.. Mia freut sich dann ganz offensichtlich, dass Mutter und Großmutter da sind (wie versprochen), fragt auch nach Omas Auto und kontrolliert, wo es steht.

Sie wirkt gedrückt, ist aber auch aufgeregt und neugierig, stürmt in den Kindergarten. Ganz offensichtlich kennen sie, der Vater und Sonja alles und die Kindergärtnerinnen sehr gut. Das hatte der Vater im Gericht abgestritten und Entsprechendes umgekehrt der Mutter vorgeworfen. Die Mutter wird von Sonja abgedrängt (Bindungstoleranz?), sie spielt sich voll als Ersatz-Mutter auf. Das tut der Mutter richtig weh, ebenso wie das knappe Verabschieden durch Mia, aber die hat anderes im Kopf.

Aber die Mutter ist auf Augenhöhe, wird dann herzlich umarmt von Mia.

Damit ist nun das Wechselmodell beendet, Mia beim Vater.

Das hätte niemals geschehen dürfen.

Die Mutter hätte eine Bestätigung des Wechselmodells als kleinstes Übel akzeptiert.

Aber auf keinen Fall hätte das Aufenthaltsbestimmungsrecht ausschließlich dem Vater zugesprochen werden dürfen.

Nachwort

Sie finden es wahrscheinlich auch vollkommen unglaubwürdig, dass das Kind nicht zur Mutter kommt, insbesondere unter den gegebenen Bedingungen.

Aber hüten Sie sich jetzt vor dem Gedanken, der Fall sei nur deshalb empörend, weil ein Kind doch immer besser bei der Mutter aufgehoben sei. Dann haben Sie es sich mit mir verdorben.

Deshalb werde ich Sie jetzt wachrütteln und an die Überschrift „Vertauschte Rollen" erinnern.

Ich werde Sie auffangen mit dem „beruhigenden" und gleichzeitig „beunruhigenden" Hinweis, dass es sich in gewisser Weise bei dieser Geschichte doch um eine Fiktion handelt.

In der wahren Geschichte gilt nämlich alles, was ich hier über den Vater geschrieben habe, für die Mutter und umgekehrt. Die Großmutter ist der Großvater, das kleine Mädchen ein Junge.

Ansonsten hat sich alles so zugetragen.

Jetzt lösen Sie sich bitte mit aller Kraft von dem Klischee „das Kind ist bei der Mutter immer am besten aufgehoben".

Denn die Frage muss klar lauten:

sprechen unabhängig von einem solchen Vorurteil allein die aufgeführten Gegebenheiten dafür, das Kind der Mutter zu zusprechen oder dem Vater?

Wenn Sie zu dem Schluss kommen, dass in der geschilderten Geschichte unabhängig von jedem Klischee oder Vorurteil das Kind zur Mutter sollte, dann tauschen wir jetzt die Rollen zurück in die Wirklichkeit zu einer schlagenden, ungeliebten Mutter und einem liebevollen Vater, bei dem das Kind leben will, und kommen dann zu dem Schluss, dem Kind ist doch wohl der Aufenthalt beim Vater zuzusprechen.

Oder sind Sie jetzt immer noch der Meinung, der Junge gehört zu seiner Mutter, auf keinen Fall zum Vater?

Können Sie meine Empörung über die an der Entscheidung Beteiligten und die Abläufe verstehen?

Kommen Sie auch zu der Überzeugung, dass die Entscheidung so nicht getroffen werden darf, nur weil ein Kind eben zur Mutter soll.

Was können wir tun, damit Kindern und Vätern wirklich Recht geschieht zum Wohl der Kinder?

Was können wir tun, die Vorurteile zugunsten der Mütter und zuungunsten der Väter aus den Köpfen zu bekommen?

Was können wir dagegen tun, dass immer die Mutter als die Gute und der Vater als der Böse angesehen werden, vom Vater nur die Erfüllung von Pflichten gefordert, der Mutter aber ausschließlich die Nutzung von Rechten zugebilligt wird?

Nach der Gesetzeslage sollten Mütter und Väter gleich behandelt, gleich betrachtet werden und das Wohl des Kindes ohne Vorurteile im Vordergrund stehen.

Ich habe mit dieser Geschichte einen Versuch gemacht, die vom Gesetz abweichende Wirklichkeit deutlich zu schildern.

Finden Sie diesen Versuch gelungen und überzeugend?
Dann lassen Sie es mich wissen.

In Vorbereitung

Band 1 - Trennung bis zum Gerichtsentscheid

Band 2 – Wechselmodell

Band 3 – Zweiter Gerichtsentscheid

Band 4 – Das Wohl des Kindes spielt keine Rolle

Band 6 – Beliebigkeit der Auslegung

Der Autor ist Naturwissenschaftler, in Hamburg geborenen und aufgewachsen und lebt zur Zeit in Süddeutschland.
Er hat mehrere Kinder und Enkelkinder und hat den Sorgerechtsstreit in der Familie eines guten Bekannten zum Anlass für diese Buchreihe genommen.

Links und Kontakt zum Autor:

www.neiiiin.de

www.greatgreen.de

eMail: martin.orack@greatgreen.de

facebook: martin.orack